ANGELA BECK

Hamster

HALTEN | PFLEGEN | BESCHÄFTIGEN

KOSMOS

INHALT

IN 3 SCHRITTEN ZUM EXPERTEN

 alles im Überblick

Am Anfang des Kapitels finden Sie das Wichtigste auf einen Blick. Seitenverweise führen Sie gezielt zu den ausführlichen Informationen.

 alles Wissenswerte

Abgeschlossene Doppelseiten bieten weiterführende Informationen zu den Themen. Entweder lesen Sie von hier aus weiter oder Sie gehen zurück zum Überblick, um das nächste Thema auszuwählen.

 alle Extras

Das könnte Sie auch noch interessieren, denn hier finden Sie Themen, die über das Wesentliche hinausgehen. Diese Seiten sind kein Muss, machen aber neugierig und Lust auf mehr.

AUSSUCHEN

 alles im Überblick
- 6 Grundausstattung

 alles Wissenswerte
- 8 Wie der Hamster zu uns kam
- 10 So sind Hamster
- 14 Herzenssache Hamster
- 16 Gesunde Hamster finden
- 18 Umzug ins neue Zuhause
- 20 Das ideale Hamsterheim
- 22 Von Häuschen, Napf & Co.
- 24 So werden Hamster zutraulich

 alle Extras
- 12 Klein aber oho – Zwerghamster
- 26 Bau doch mal ein Hamster-Iglu

SCANNEN UND ERLEBEN

 QR-Codes im Buch scannen: Der schnelle Zugang zu weiteren Infos rund um Ihr Tier. Mit diesem Code oder unter www.m.kosmos.de/13257/t1 gelangen Sie zur Übersicht der QR-Codes. Wir empfehlen Ihnen eine WLAN-Verbindung zu nutzen, um lange Ladezeiten zu vermeiden.

VERSORGEN

alles im Überblick
30 Mein Pflegeplan

alles Wissenswerte
32 Hamster gesund ernähren
34 Vitamincocktail für fitte Hamster
38 Frisches Grün bringt Abwechslung
40 Ergänzung für den Speiseplan
42 Fitness-Food für flotte Hamster
44 Gründlicher Wohnungsputz
46 Gepflegte Hamster
48 Mit dem Hamster zum Tierarzt
50 Die häufigsten Hamsterkrankheiten
52 Gut betreut in Urlaub & Alter
54 Die Sache mit dem Nachwuchs

alle Extras
36 Ein Powerspieß
    für deinen Hamster

VERSTEHEN

alles im Überblick
58 Verstehen und beschäftigen

alles Wissenswerte
60 Typisch Hamster
62 Hamster-Sprache
68 Beschäftigungsideen für Langstreckenläufer
70 Spielplatz für den Hamster
74 Gehirn-Jogging für schlaue Hamster

alle Extras
64 Der Heimtier-Dolmetscher
    Hamster verstehen
72 Eine Strohhütte
    für deinen Hamster FÜR KIDS

SERVICE
77 Zum Weiterlesen und Weiterclicken
79 Register

Hamster und Gehege
AUSSUCHEN

AUSSUCHEN | *alles im Überblick*

GRUNDAUSSTATTUNG

S. 12
Zwerghamster
Sie sind noch kleiner als Goldhamster und lassen sich bedingt auch in einer Gruppe halten. Wer interessantes Hamsterverhalten beobachten möchte, liegt mit diesen Tieren richtig.

S. 14
Alles bedacht?
Ehe Sie einen Hamster kaufen, sollten Sie abwägen, ob Sie die nächsten drei bis vier Jahre für das Tier sorgen können und wollen. Besorgen Sie Käfig, Zubehör und Futter und richten Sie das Heim ein, eher der Hamster bei Ihnen einzieht. Gesunde Hamster bekommen Sie im Zoofachgeschäft, im Tierheim, bei Tierschutzorganisationen oder auch privat.

S. 16
Checkliste
Darauf achten Sie beim Hamsterkauf:
- ☒ Der Hamster macht einen munteren und lebhaften Eindruck.
- ☒ Er lebt in einer nach Geschlechtern getrennten Box.
- ☒ Er hat glänzende Augen, eine saubere Nase und saubere Ohren.
- ☒ Das Fell ist sauber und glänzend und ohne Verklebungen am Po.
- ☒ Er bewegt sich fließend und flink.
- ☒ Er wiegt mindestens 40 Gramm.

 EINKAUFSLISTE Hier finden Sie die Shoppingliste für das nötige Hamsterzubehör. Unter www.m.kosmos.de/13257/tb2 erhalten Sie diese Informationen ebenfalls.

Schöner Wohnen

Ein Hamster fühlt sich in einem Käfig mit einer Grundfläche von mindestens einem Quadratmeter (z. B. 120 x 80 cm) und einer Höhe von mindestens 40 Zentimeter wohl. Auch ein geräumiges Cricetarium ist sehr gut geeignet. Die Bodenschale sollte so hoch wie möglich sein, damit viel Einstreu hineinpasst. Das Gitter ist quer verdrahtet, damit der Hamster klettern kann. Der Gitterabstand beträgt maximal 12 mm für Goldhamster und 8 mm für Zwerghamster.

Grundausstattung

Das brauchen Sie als Erstausstattung für Ihren Hamster:

- ☒ Geräumiges Hamsterheim
- ☒ Schlafhäuschen
- ☒ Laufrad
- ☒ Zwei Futternäpfe, Futter
- ☒ Trinknapf bzw. -flasche
- ☒ Heu, Zweige
- ☒ Einstreu, eine Schale mit Chinchillasand
- ☐ Weidentunnel, Korkröhren, Rampen

In 5 SCHRITTEN ZUM ZUTRAULICHEN HAMSTER

AUSSUCHEN  *alles Wissenswerte*

WIE DER HAMSTER
zu uns kam

DER FELDHAMSTER Bei uns heimisch, inzwischen fast ausgerottet und daher streng geschützt – es wurden sogar schon Bauvorhaben seinetwegen gestoppt – ist der Feldhamster. Er ist mit ca. 25 cm Körperlänge ein recht stattlicher und wehrhafter Kerl. Lange galt er als Schädling, der sich an den menschlichen Getreidevorräten gütlich tat. Wenn man bedenkt, dass ein erwachsener Hamster allein zum Überwintern zwei bis vier Kilogramm Körner braucht, kommt eine ganze Menge zusammen – der Grund, warum er so lange verfolgt wurde. Feldhamster sind sehr scheu, können sich jedoch auch kräftig zur Wehr setzen. Sie wurden nie gezähmt.

Die Entdeckung des Goldhamsters

Zum allerersten Mal wurde der Goldhamster in einem Buch von 1796 erwähnt. Es berichtet, dass die Brüder Russell in Syrien, nahe der Stadt Aleppo, mindestens eines dieser kleinen Tiere gefangen und untersucht hatten. 1839 verfasste Robert Waterhouse, Kurator der Londoner Zoologischen Gesellschaft, eine erste wissenschaftliche Abhandlung über den „Goldenen Mittelhamster" *Mesocricetus auratus*, von dem er ein Exemplar, ebenfalls bei Aleppo, gefunden hatte. Noch heute lagert sein Fell im Naturhistorischen Museum in London.

Erst über 90 Jahre später gelang es dem Zoologieprofessor Aharoni bei einer Expedition mit Studenten, einen Hamsterbau auszugraben. Dort fand er ein Weibchen mit seinen elf Jungen, die er nach Jerusalem an die Universität brachte.

Feldhamster Er ist bei uns heimisch und gilt als der größere Vetter des Goldhamsters, allerdings wurde er nie gezähmt.

Goldhamster Unsere Hamster, die als Heimtier gehalten werden, stammen aus Syrien, aus einer kargen und trockenen Landschaft.

Die Stammeltern aller Goldhamster

Von diesen ersten wild gefangenen Tieren überlebten nur drei Männchen und ein Weibchen. Allerdings sind diese vier Tiere die Stammeltern aller Goldhamster, die in menschlicher Obhut leben. Später kamen nur noch viermal Tiere aus Wildfängen dazu. Allerdings erst nach 1960 – da waren die Goldhamster schon längst verbreitet.

STECKBRIEF

Körperlänge:	Männchen ca. 15 cm, Weibchen ca. 18 cm
Schwanzlänge:	ca. 1,2 cm
Gewicht:	Männchen 140–160 g, Weibchen 160–180 g
Körpertemperatur:	36,8–38,0 °C
Lebenserwartung:	2,5–4 Jahre (sehr selten bis 5 Jahre)

Zoologen erkannten sehr schnell die Vermehrungsfreudigkeit der Hamster. Und so erlitten Hamster das gleiche Schicksal wie Mäuse, Meerschweinchen und Kaninchen: Man verwendete sie als Versuchstiere in Labors. Doch wie auch bei ihren Schicksalsgenossen dauerte es bei den Goldhamstern nicht lang, bis sie die Herzen der Menschen eroberten und als Heimtier Einzug in viele Wohnungen hielten.
Von Jerusalem aus wurden 1931 die ersten Hamster nach England gebracht und gelangten 1938 in die USA und im Jahr 1948 auch nach Deutschland.

Etwas Systematik

Hamster gehören zur Ordnung der Nagetiere. Unser Feldhamster *(Cricetus cricetus)* zählt zu den Großhamstern, der Goldhamster *(Mesocricetus auratus)* zu den Mittelhamstern. Einige Zwerghamsterarten werden auf Seite 12 vorgestellt.

AUSSUCHEN | *alles Wissenswerte*

So sind HAMSTER

UNTERIRDISCHE NACHTGESTALTEN Hamster sind meist dämmerungs- und nachtaktiv. Wenn andere schlafen gehen – so gegen 22 Uhr –, beginnt ihr „Tag", und sie sind bis ca. 6 Uhr auf den Beinen. Ihre Baue legen Hamster im Erdreich von Steppen und Halbwüsten an. Solche Baue bestehen aus einer oder mehreren Fallröhren mit unterschiedlich tiefen Stollen (manchmal bis 2,50 m), die mit Wohn- und Schlafkessel sowie Vorrats- und Toilettenkammer ausgestattet sind. In den metertiefen Bauen sind die Tiere vor den starken Temperaturschwankungen gut geschützt, die durch die Jahreszeiten und den Tag-Nacht-Wechsel auftreten.

Dunkle Höhlen Alles, wo man hineinkriechen kann, wird vom Hamster ausgiebig besichtigt und erkundet.

Schlafmützen

Nicht nur den Großteil des Tages verschlafen Hamster. Auch kalte Temperaturen überstehen sie im Schlaf. Ab 16 °C Außentemperatur kuscheln sie sich in ihr Nest, verstopfen den Eingang und kommen nur noch einmal in der Woche heraus, um sich zu lösen und eine Kleinigkeit vom Gehamsterten zu futtern. Bei Temperaturen unter 10 °C fallen die Tiere in einen Winterschlaf und zehren von ihren Fettreserven.

Einzelgänger

Goldhamster sind außerhalb der Brunft ausgesprochene Einzelgänger, fast schon Eigenbrötler. Treffen sich zwei Tiere, die nicht gerade auf Brautschau sind, fliegen die Fetzen.

Scharfe Zähne

Allen Hamstern gemeinsam ist ein kräftiges Nagergebiss, das aus insgesamt 16 Zähnen besteht. Je Kiefer hat das Gebiss zwei lebenslang nachwachsende Nagezähne, die eine Vorderseite aus hartem Schmelz und eine weichere Rückseite haben. Die weiche Seite schleift sich schneller ab als der harte Schmelz, sodass meißelförmige Nagezähne mit scharfer Kante entstehen. Danach

Ungesellige Gesellen Außerhalb der Paarungszeit vertragen sich Hamster überhaupt nicht. Man kann sie nur allein halten.

Alles meins Mithilfe der Flankendrüsen rechts und links hinter den Rippenbögen markieren Hamster ihr Revier.

folgen auf jeder Seite nach einer Lücke jeweils drei fest wurzelnde, nicht nachwachsende Backenzähne, mit denen härteste Pflanzenteile zerkleinert werden können.

Hamsterbacken

Die sprichwörtlichen Backentaschen der Hamster sind geräumige Hautsäcke beiderseits des Kopfes. Sie reichen von der Maulspalte bis zu den Schultern und nehmen gefüllt beachtliche Ausmaße an, die den Umfang des Hamsterkopfes beinahe verdoppeln können. Was an Nahrung zu finden ist, wird in kürzester Zeit in den Backentaschen verstaut und sofort ins Vorratslager getragen. Um die Taschen zu entleeren, streichen die Hamster mit den Vorderpfötchen nach vorn und fördern so den Inhalt wieder zutage.

Hamstern ist zu einem Begriff geworden – rasch stopft sich der Hamster das Futter in die geräumigen Backentaschen.

Auch Hamsterbabys finden bei vermeintlicher Gefahr in den Taschen Platz und können so jederzeit umquartiert werden. Vorwitzige Ausreißer werden auf diese Weise auch ins Nest zurückgebracht. Voll aufgeblasen wirken die Hamsterbacken auf Feinde und Artgenossen einschüchternd. So erscheint der kleine Wicht viel größer und recht imponierend, zumal er dann meist auch noch aufrecht steht.

Gut zu Fuß

Die Vorderbeine sind kräftig und muskulös, sodass Hamster schnell und viel laufen, gut graben, hervorragend klettern und mit den Vorderpfoten geschickt greifen und festhalten können. An den Vorderbeinen besitzen sie vier Zehen sowie einen zurückgebildeten Daumen. Die etwas zierlicheren Hinterbeine haben fünf voll entwickelte Zehen, die für einen sicheren Stand sorgen, wenn die kleinen Kerle sich aufrichten. Sie dienen auch dazu, um Erde wegzuschieben, oder sich beim Turnen festzuhalten.

Flankendrüsen

Goldhamster besitzen auf jeder Flankenmitte gleich hinter dem Rippenbogen eine von dunklerem Fell verdeckte Seitendrüse, mit deren Sekret das Revier markiert wird. Zwerghamster haben eine Bauchdrüse und keine Flankendrüsen. Sie markieren ihr Revier, indem sie auf dem Bauch und an Gegenständen entlangschleifen. ■

AUSSUCHEN | *alle Extras*

KLEIN, ABER OHO – *Zwerghamster*

Chinesische Streifenhamster sind wie die Goldhamster Einzelgänger und können nur allein gehalten werden.

Dsungarische Zwerghamster sind die häufigsten Zwerghamster und es gibt viele verschiedene Farbschläge.

DIE GÄNGIGSTEN ZWERGHAMSTER Neben dem Goldhamster werden auch verschiedene Zwerghamster als Heimtiere gehalten. Sie haben ähnliche Haltungsansprüche wie Goldhamster. Man muss nur darauf achten, dass sie kleinere Sämereien als Grundfutter erhalten. Außerdem sollte der Anteil tierischer Nahrung etwa 50 % betragen. Auch wenn öfter behauptet wird, dass man Zwerghamster zu zweit halten kann, raten wir dennoch zur Einzelhaltung, da es zu schweren Streitereien kommen kann.

Chinesischer Streifenhamster

Der Chinesische Zwerg- oder Streifenhamster (*Cricetulus criseus*) ähnelt aufgrund seiner spitzen Kopfform weniger einem Hamster, sondern eher einer Maus. Dieser Eindruck wird durch den relativ langen Schwanz verstärkt, der ca. 2,5 cm misst und der sogar beim Klettern greifend und stützend eingesetzt wird. Die Tiere leben hauptsächlich dämmerungs- bzw. nachtaktiv in den Halbwüsten und Steppen Chinas, der Mandschurei und der Mongolei. Einen Winterschlaf hält der kleine Chinese nicht.
Meist werden diese Streifenhamster relativ schnell handzahm, was nicht verwundert, denn

Roborowskis sind die allerkleinsten Zwerghamster. Auch sie lassen sich lieber beobachten als anfassen.

Campbells Zwerghamster stammen aus steppenartigen Gebieten. Sie lieben es, in einem Sandbad ihr Fell zu pflegen.

in ihrer Heimat wurden sie zum Kulturfolger und leben häufig in der Nähe menschlicher Behausungen. Chinesische Streifenhamster sind ausgesprochene Einzelgänger; erwachsene Weibchen sind noch unverträglicher als Goldhamsterweibchen. Trotz ihrer geringen Größe brauchen sie viel Platz zum Laufen und einen großzügigen Abenteuerspielplatz.

Dsungarischer Zwerghamster

Diese Hamster leben in den Steppen im nördlichen und mittleren Asien (Mandschurei, Mongolei, Kasachstan) als dämmerungs- und nachtaktive Tiere. In ihrer ausgesprochen kalten Heimat fallen die Zwerge in ihren Bauen in einen tiefen Winterschlaf, den sie als Heimtiere jedoch nicht mehr halten müssen. Als Anpassung an den kalten Lebensraum haben Dsungarische Zwerghamster behaarte Fußsohlen.

Am besten kann man die überaus schnell zahm werdenden und anhänglichen Dsungaren *(Phodopus sungorus)* in einem speziellen Hamsterterrarium halten, in dem man sie auch sehr gut beobachten kann. Die Lebenserwartung des Dsungarischen Zwerghamsters liegt im Durchschnitt bei drei Jahren.

Roborowski-Zwerghamster

Der Roborowski-Zwerghamster *(Phodopus roborowskii)* ist der kleinste Zwerghamster. In seiner Heimat – der Mongolei und angrenzenden Gebieten Chinas bis an die Grenzen Sibiriens – lebt er in überwiegend von Dünen durchsetzten trockenen Zonen, in denen es im Winter sehr kalt werden kann.

Dieser wieselflinke Winzling wird immer ein Individualist bleiben. Er kommt zwar auf die Hand, um sich einen Leckerbissen abzuholen, aber von Festhalten oder Streicheleinheiten hält er äußerst wenig. Auch Roborowski-Zwerghamster hält man am besten in einem möglichst großen Hamsterterrarium mit einer großen, mit feinem Vogelsand gefüllten Schale, Versteckmöglichkeiten, einigen Steinen und Grasbüscheln.

Campbells Zwerghamster

Als Heimtiere findet man Campbells Zwerghamster *(Phodopus sungorus campelli)*, die östliche Form des Dsungarischen Zwerghamsters, noch relativ selten. Untereinander scheinen sie recht lange verträglich zu bleiben, werden aber mit zunehmendem Alter mürrisch, manchmal auch kampfbereit und aggressiv, wenn ihnen etwas nicht passt.

AUSSUCHEN | alles Wissenswerte

Herzenssache
HAMSTER

LUST AUF HAMSTER Auch wenn ein Goldhamster ein recht kleines Tier ist, hat er seine Bedürfnisse, die man kennen sollte und zeit seines Lebens berücksichtigen muss. Als Halter trägt man die Verantwortung für das Tier – für etwa zwei bis vier Jahre.

Rechtlich ist die Situation für Hamsterhalter einfach: Wer einen Hamster in einem Käfig oder Hamsterterrarium hält, benötigt dafür keine Erlaubnis des Vermieters und muss in einem Mehrfamilienhaus auch nicht die Nachbarn informieren.

Kinder- oder Elterntraum?

Viele Kinder wünschen sich sehnlichst einen Hamster. Sie auch, liebe Eltern? Denn dies sollte Ihnen klar sein: Die meisten Kinder sind anfangs Feuer und Flamme, doch oft erlischt die Begeisterung schnell und die Versorgung des Hamsters bleibt Ihnen überlassen.
Zudem muss auch erwähnt werden, dass Hamster keine ausgesprochenen „Kindertiere" sind. Zum einen sind sie recht klein und zart und lassen sich auch nicht gern anfassen und hochheben, zum anderen sind Hamster nachtaktiv. Wenn die Kinder ins Bett müssen, wird der Hamster erst wach und rumort manchmal lautstark in seinem Hamsterheim herum.

Einstiegsalter für Hamster

Hamster sind schon aufgrund ihrer Statur keine „Kuscheltiere" und eignen sich eher zum Beobachten. Kein Kind, das ein Tier zum Streicheln möchte, gibt sich jedoch mit Zugucken zufrieden. Erst Kinder im Alter von acht bis zehn Jahren bringen so viel Verständnis auf, um die Bedürfnisse des Hamsters akzeptieren und erfüllen zu können. Und auch dann noch benötigen sie die Anleitung und Hilfe ihrer Eltern.

Hund, Katze, Hamster?

Hamster sind Einzelgänger – das gilt nicht nur für Artgenossen, sondern auch in Bezug auf andere Heimtiere. Solange der Hamster im Käfig bleibt, kann nicht viel passieren. Doch ein großer neugieriger Hundekopf oder eine forsche Katzenpfote können den Hamster auch im „sicheren" Käfig in Panik versetzen. Frei laufend sollten sich diese Tiere nie begegnen: Der davonrennende Hamster würde bei Hunden und Katzen sofort den Jagd- und Spieltrieb auslösen, was für den Hamster höchstwahrscheinlich tödlich enden würde. Sittiche und Papageien können einen Hamster mit ihren scharfen Schnäbeln ebenfalls schwer verletzen, und auch die Gesellschaft von anderen Nagern schätzt ein Hamster nicht.

Kein Kindertier Kinder wünschen sich oft sehnlichst einen Hamster und sind dann enttäuscht, wenn er tagsüber nur schläft.

Allergien

Bevor der Hamster einzieht, sollte geklärt sein, dass niemand in der Familie auf den Hamster oder auch auf den Staub aus Einstreu und Heu allergisch reagiert. Vielleicht haben Sie die Möglichkeit, den Hamster von Freunden für einige Tage zur Probe zu betreuen. Ansonsten kann man beim Arzt einen Allergietest machen lassen.

LCM

Die Lymphozytäre Choriomeningitis (LCM) ist eine Form der Hirnhautentzündung, die durch einen Virus von jungen Hamstern übertragen werden kann. Die Gefahr, sich anzustecken, ist jedoch sehr gering, da heute alle Hamster im Zoofachhandel aus LCM-freien Zuchten stammen. Fragen Sie dennoch zur Sicherheit nach. Schwangere sollten wegen der Gefahr für das ungeborene Kind den Kontakt mit Hamstern vermeiden, die jünger als fünf Monate sind.

Gewissensfragen

Folgende Punkte sollten vorab geklärt sein:
- Sie wollen Ihren Hamster in erster Linie beobachten und sind sich bewusst, dass er ein nachtaktiver Einzelgänger ist, der nicht sonderlich gern kuscheln möchte.
- Sie haben auch am Abend noch Zeit und Lust, sich mit Ihrem Hamster zu beschäftigen.
- Sie sind bereit, täglich für frisches Futter und Wasser zu sorgen und regelmäßig die Toilettenecke sowie den Käfig zu reinigen. Und das ein Hamsterleben lang.
- Sie haben genügend Platz, um einen großen Käfig in einer ruhigen Ecke aufzustellen.
- Sie kennen einen verlässlichen Menschen, der sich um Ihren Hamster kümmert, wenn Sie einmal nicht da sind.

Wenn Sie alle Punkte sorgfältig geprüft haben und einlösen können, dann steht dem Kauf nichts mehr im Weg.

AUSSUCHEN | *alles Wissenswerte*

Gesunde HAMSTER FINDEN

DIE QUAL DER WAHL Sie haben sich entschlossen, einen Hamster zu kaufen. Doch wo bekommt man Hamster? Für welchen sollen Sie sich entscheiden? Und wie kommt der Hamster sicher und wohlbehalten in sein neues Zuhause?
In jedem gut geführten Zoofachgeschäft gehören Gold- und Zwerghamster zum Angebot. Im Alter von vier bis fünf Wochen werden sie vom Züchter an den Zoofachhandel abgegeben. Des Weiteren erhalten Sie Hamster vom Züchter. Ein guter Züchter züchtet nur wenige Hamsterarten in bestimmten Farbschlägen. Die Tiere werden nach Geschlechtern getrennt in großzügigen, sauberen Gehegen mit verschiedenen Versteckmöglichkeiten gehalten, die Tiere machen einen gesunden, lebendigen Eindruck – diese Kriterien gelten natürlich auch für den Zoofachhandel. Last but not least kann man sich auch im Tierheim erkundigen. Hier werden oft auch junge, gesunde Tiere oder Würfe abgegeben, die ein Zuhause suchen. Auch bei „Hamsterhilfe" oder „Hamster in Not" werden Hamster vermittelt, die sich über ein gutes neues Zuhause freuen.

Tricks für clevere Käufer

Machen Sie sich für den Hamsterkauf am besten am frühen Abend auf den Weg. Denn dann sind die Hamster auch im hellen Verkaufsraum wach und lebhaft. So können Sie die Tiere viel besser

Gesunde Hamster sind abends munter und neugierig, haben ein sauberes, glänzendes Fell und klare, dunkle Augen.

... Der Körper ist rundlich und wohlproportioniert, außerdem bewegen sie sich frei, ohne zu humpeln.

Neugierige Knopfaugen Augen und Näschen eines gesunden Hamsters sind sauber, ohne Verklebungen oder Verkrustungen.

beobachten und auch beurteilen, ob sie gesund sind und welcher Hamster zu Ihnen passt. Achten Sie darauf, ob die Tiere sauber untergebracht und gut versorgt sind und einen gepflegten Eindruck machen. Wichtig ist, dass den Tieren auch ein oder mehrere Schlafhäuschen zur Verfügung stehen. Haben Sie einen Hamster als Ihren Favoriten ins Auge gefasst, bitten Sie den Verkäufer, Halter oder Züchter, das Tier aus dem Käfig zu nehmen, damit Sie es sich genauer anschauen können. Dabei sehen Sie auch gleich, wie der Hamster reagiert, wenn er angefasst wird.

Hauptsache gesund

Egal ob Sie nun mit einem wildfarbenen Goldhamster oder einem wuscheligen Teddyhamster mit noch nie dagewesener Farbgebung liebäugeln – auf eines müssen Sie immer achten: dass Ihr neuer kleiner Freund gesund ist. Schauen Sie ihn sich so genau wie möglich an und machen Sie den Gesundheits-Check.

HAMSTERKAUF Hier finden Sie eine Checkliste, die Ihnen bei der Auswahl des Hamsters behilflich ist. Unter www.m.kosmos.de/13257/tb3 erhalten Sie die gleichen Informationen.

Ein gesunder Hamster…

- lebt in nach Geschlechtern getrennten Boxen.
- macht einen munteren, lebhaften und neugierigen Eindruck.
- hat einen wohlproportionierten, rundlichen, aber nicht dicken Körper und einen geraden Rücken.
- bewegt sich fließend und frei, humpelt nicht und zieht die Beine nicht nach. Die Pfoten sind sauber.
- hat ein sauberes, glatt anliegendes und glänzendes Fell. Er kratzt sich nicht ständig (Hinweis auf Parasiten).
- schaut aus klaren, glänzenden, weit geöffneten Augen, die an den Rändern nicht verklebt oder verkrustet sind.
- hat – wenn er wach ist – voll aufgefaltete Ohren ohne Wunden oder Schorf.
- ist am Po und am Bauch sauber und trocken.
- niest nicht und atmet gleichmäßig. Seine Nase ist sauber, ohne Verkrustungen oder Ausfluss, und in ständig schnuppernder Bewegung.
- wiegt beim Kauf mindestens 40 Gramm.

Macht auch nur ein Tier im Bestand einen kranken Eindruck, verzichten Sie besser auf den Kauf, denn die übrigen Tiere können sich angesteckt haben.

AUSSUCHEN *alles Wissenswerte*

UMZUG INS NEUE *Zuhause*

SIE HABEN IHRE WAHL GETROFFEN und nun soll er endlich mit nach Hause, der neue Mitbewohner. Im Zoofachhandel bekommen Sie für den Heimtransport meist eine Transportbox aus Pappe. Da Hamster gute Nager sind, hält dieses Behältnis den scharfen Zähnen oft nicht sehr lange stand. Wenn Sie Pech haben, müssen Sie schon vor der Ankunft zu Hause den Hamster das erste Mal im Auto suchen. Deshalb ...

Sichere Transportbox

Für einen Heimweg kaufen Sie sich am besten gleich eine kleine Transportbox aus Kunststoff mit Deckel. Darin können Sie Ihren Hamster sicher nach Hause befördern. Außerdem leistet die Box gute Dienste, während Sie den Käfig sauber machen oder falls Sie einmal zum Tierarzt müssen.

Transportbox Sie ist praktisch für den Weg nach Hause oder wenn der Hamster mal zum Tierarzt muss.

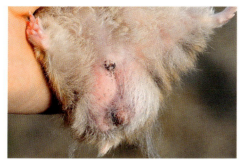

Männchen Geschlechtsöffnung und After liegen weiter auseinander, die Region ist behaart, die Hoden treten hervor.

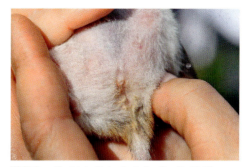

Weibchen Hier ist der Abstand zwischen Geschlechtsöffnung und After deutlich geringer und die Region fast nackt.

Vertraute Gerüche

Um dem Hamster die Heimreise so stressfrei wie möglich zu gestalten, bitten Sie um etwas gebrauchte Streu und ein Stück vom Schlafnest aus der Verkaufsbox. So kann er seinen vertrauten Geruch mit auf die Reise nehmen und rutscht nicht so sehr im Transportbehälter. Eine durchsichtige Kunststoffbox umhüllen Sie dann noch mit etwas Pack- oder Zeitungspapier (Luftschlitze freilassen!). Als Höhlenbewohner übersteht der Hamster den Transport im Dunkeln gelassener.

Hitze, Kälte, Zugluft

Während des Transports bleibt die Box verschlossen. Achten Sie darauf, dass sie weder der prallen Sonne, großer Hitze (z. B. im geschlossenen Auto im Sommer), Kälte oder Zugluft ausgesetzt wird. Der beste Weg nach Hause ist der kürzeste – so ersparen Sie Ihrem Hamster unnötigen Stress. Zu Hause angekommen, stellen Sie die geöffnete Box in den schon vorbereiteten Käfig, sodass der Hamster allein herauskrabbeln und seine neue Umgebung in seinem eigenen Tempo kennenlernen kann.

Männchen oder Weibchen?

Der kleine Unterschied liegt im Abstand zwischen der Geschlechts- und Afteröffnung. Bei Weibchen ist er um einiges geringer als bei Männchen. Außerdem sind Weibchen in der Genitalregion fast nackt, Männchen dagegen eher behaart. Bei ihnen treten zudem die Hoden gut sichtbar hervor. Betrachtet man die Hamster von der Seite, so haben Weibchen ein abgerundeteres Hinterteil, bei Männchen ist es durch die herz- oder keilförmig hervortretenden Hoden insgesamt spitzer und wuchtiger.

Da Goldhamster einzeln gehalten werden und Sie nicht züchten wollen, ist es egal, ob Sie sich für ein Männchen oder Weibchen entscheiden. Beide sind liebenswert, und es gibt keine Unterschiede in Verhalten und Pflegeansprüchen.

Alles vorbereitet

Bevor der Hamster bei Ihnen einziehen darf, sollten Sie schon alles eingekauft und vorbereitet haben, damit der Hamster gleich in sein neues Gehege einziehen kann.

Der Umzug geht ganz entspannt vonstatten, wenn das Heim bereits vor dem Hamsterkauf eingerichtet wurde.

AUSSUCHEN | *alles Wissenswerte*

DAS IDEALE
Hamsterheim

GUT VORBEREITET Besorgen Sie das Hamsterheim mit der notwendigen Ausstattung schon ein paar Tage eher, bevor Sie Ihren Hamster kaufen. Nun können Sie alles in Ruhe vorbereiten und den Hamster erwartet am „Umzugstag" ein komplett eingerichtetes neues Zuhause.

Lebensraum Hamsterheim

Hamster sind viel in Bewegung – wenn sie nicht gerade schlafen. Deshalb darf ihr Zuhause auch nicht zu klein sein: Eine Grundfläche von etwa einem Quadratmeter (z. B. 120 x 80 cm) und eine Höhe von 40 cm muss ein Hamsterkäfig mindestens haben. Aber auch hier gilt: Je größer, umso besser.

Mehr Platz kann man dem Hamster ganz leicht schaffen, indem der Käfig mit mehreren, durch Rampen verbundene Ebenen ausgestattet wird. Das Gitter sollte quer verdrahtet sein, sodass der Hamster auch klettern kann. Achten Sie auf einen Gitterabstand von maximal 10 bis 12 mm für Goldhamster und 5 bis 8 mm für Zwerghamster. Je höher die Bodenschale ist, desto besser: Hamster wühlen gern, und so kann man ihnen ausreichend Einstreu für ihre Lieblingsbeschäftigung einfüllen, ohne dass beim Buddeln zu viel davon aus dem Käfig fliegt. Damit Sie nicht von oben nach Ihrem Hamster greifen müssen – das macht ihm Angst –, sollte der Ein- und Ausstieg des Käfigs vorn und nicht oben sein. Bei Käfigen mit verschiedenen Ebenen sind

Buddelecke Hamster lieben es, in feinem Sand zu graben.

Check:

WO HAMSTER AM LIEBSTEN WOHNEN
- ❏ In einem Raum ohne laute Geräusche oder unangenehme Gerüche – natürlich rauchfrei.
- ❏ In einem Zimmer mit nicht zu hoher Luftfeuchtigkeit und mindestens 18 °C Zimmertemperatur.
- ❏ Nicht an der Heizung, nicht in der prallen Sonne und immer ohne Zugluft.
- ❏ In einer geschützten Ecke oder ruhigen Nische an einem erhöhten Platz (z. B. auf einem kleinen Tisch oder niedrigen Regal).

Luxusvilla Ein sehr schön eingerichtetes Terrarium mit mehreren Ebenen, Häuschen, Hamsterrad und ganz viel Einstreu zum Wühlen.

mehrere Türchen in unterschiedlichen Höhen sehr praktisch. Verwenden Sie auf keinen Fall sogenannte „Kompaktkäfige", Tunnel- und Röhrensysteme oder anderes Zubehör aus Kunststoff. Sie sind für Hamster lebensgefährlich! In ihnen entsteht ein ungesundes, feuchtes Klima, das den Hamster krank macht.

Alternative Cricetarium

Eine schöne, aber etwas teurere Alternative zum üblichen Hamsterkäfig ist ein „Hamster-Terrarium", ein sogenanntes Cricetarium. Es ist eine Kombination aus Terrarium und Käfig: Vorn befinden sich Schiebetüren aus Glas oder Kunststoff, die Seitenwände sind nicht wie bei einem normalen Terrarium vollständig aus Glas, sondern ab einer gewissen Höhe vergittert. In einem Cricetarium kann man einem Hamster mit sehr tiefer Einstreu und vielen natürlichen Einrichtungselementen einen artgerechten Lebensraum gestalten. Mit etwas Geschick lassen sich tolle Hamsterheime selbst bauen. Im Internet gibt es viele Anregungen für Hamstervillen.

Die Einstreu

Sauber und trocken muss es in einem Hamsterkäfig sein. Deshalb verwenden Sie als Einstreu am besten die handelsübliche Einstreu für Hamster aus dem Zoofachhandel. Sie besteht zumeist aus Holzspänen oder Strohpellets, nimmt Feuchtigkeit gut auf, enthält keine Giftstoffe und staubt nicht. Zeitungspapier, Holzwolle, Sägemehl und Ähnliches sind als Einstreu für einen Hamsterkäfig nicht geeignet.

Hamster wollen wühlen

Da Hamster gern scharren, buddeln und graben, füllen Sie die Einstreu so hoch wie möglich ein – möglichst 10 bis 12 cm. Die übliche Einstreu kann außerdem mit etwas Chinchillasand oder Blumenerde (diese im Backofen für 30 Min. auf 180 °C erhitzen, dann abkühlen lassen), feinem Heu und getrockneten Blättern gemischt werden. Darin kann ein Hamster noch besser wühlen und die Streu fällt nicht so leicht zusammen, sodass sogar kleine Gänge entstehen.

AUSSUCHEN | *alles Wissenswerte*

VON HÄUSCHEN,
Napf & Co.

SCHLAFHÄUSCHEN Als Höhlenbewohner brauchen Hamster unbedingt etwas Höhlenartiges, um sich darin zurückzuziehen, ihre Vorräte anzulegen und in Ruhe zu schlafen. Für diesen Zweck gibt es verschiedene Modelle von Schlafhäuschen. Gern genommen werden Häuschen mit mehreren Zwischenwänden.

Das Häuschen sollte aus Naturmaterial (Holz oder auch Strohgeflecht) sein und darf keinen Boden haben, um ein feuchtes Mikroklima zu verhindern. Für den Hamster genügt ein Häuschen mit nur einem Eingang, der so groß sein muss, dass er auch mit gefüllten Backentaschen hindurchpasst (7 cm). Ein Fenster ist überflüssig – ist es zu klein, kann er sogar darin stecken bleiben. Praktisch für die Kontrolle ist ein Häuschen mit aufklappbarem Dach. Hamster mögen gern Häuschen mit mehreren Zimmern, denn das entspricht ihrem Bau: mit einem Schlafzimmer, einer Vorratskammer und einem Klo.

Schön kuschelig

Für die Innenausstattung seines Schlafhäuschens sorgt der Hamster selbst. Mit zernagten Heu- und Strohstückchen, trockenen Blättern und kleinen Fetzchen von unbedruckten Papiertaschentüchern polstert er sich seine Schlafhöhle gemütlich aus. Kosmetikwatte, Wolle, Kokosfasern, Zeitungspapier oder gar Aquarienfilterwatte sind als Nistmaterial ungeeignet und gehören nicht in einen Hamsterkäfig!

Ein Schlafhaus mit mehreren Kammern und abnehmbaren Dach kommt der Lebensweise des Hamsters sehr entgegen.

Gut gepolstert Der Hamster polstert sein Nest gern mit Papiertaschentüchern, Heu oder trockenen Blättern aus.

Der Napf für Frischfutter sollte standfest und leicht zu reinigen sein. Näpfe aus Keramik sind gut geeignet.

Sichere Laufräder sind zur Achse hin geschlossen, haben eine durchgehende Lauffläche und keine Metallstäbe.

Näpfe

Ein Hamster findet auch noch das kleinste Körnchen in der Einstreu. Entweder er darf es suchen oder Sie bieten ihm sein Körnerfutter in einem Napf an. Der Futternapf sollte standsicher, nagefest und gut zu reinigen sein. Gut geeignet sind Näpfe aus Keramik. In einen zweiten Napf kommen Obst- und Gemüsestückchen.
Heu wird einfach in die Einstreu gelegt, das der Hamster knabbern und als Nistmaterial verwenden kann.

Wasser aus der Flasche

Hamster trinken nicht viel, dennoch sollte ihnen frisches Wasser zur Verfügung stehen. Für Hamster gibt es kleine Nippeltränken mit Kugelventil. So bleibt das Wasser sauber und sowohl der Hamster als auch die Einstreu trocken.

Wo ist das Klo?

Schon in den ersten Tagen im neuen Zuhause wird sich Ihr Hamster eine Ecke des Käfigs als Urinecke aussuchen. Diese Ecke muss täglich gereinigt werden. Um sich diese Arbeit etwas zu erleichtern, können Sie Ihrem Tier ein Hamsterklo installieren. Entweder Sie stellen eine kleine flache Keramikschale unter die Einstreu in die Toilettenecke oder Sie besorgen im Zoofachhandel ein eigens dafür vorgesehenes Hamsterklo. Beides hat den Vorteil, dass Sie die verschmutzte Streu schnell und einfach entfernen und durch frische ersetzen können.

Fitness für Hamster

Auch wenn es uns recht eintönig erscheint, ein Laufrad hilft dem Hamster, seinen Bewegungsdrang auszuleben. Es darf also in einem gut eingerichteten Hamsterkäfig nicht fehlen. Achten Sie beim Kauf auf folgende Merkmale:
- Die Vorderseite ist entweder ganz offen oder besitzt eine geschlossene Front mit mehreren Öffnungen. Verstrebungen dürfen nicht sein.
- Die Rückseite zur Achse hin ist ganz geschlossen, damit sich der Hamster nicht einklemmen kann.
- Die Lauffläche besteht durchgehend aus rutschfestem Kunststoff oder Holzsprossen, nicht aus Gitterstäben, auf denen er keinen richtigen Halt hat.
- Das Rad hat einen Durchmesser von 30 Zentimetern. In kleineren Rädern muss der Hamster seinen Rücken zu stark durchbiegen.
- Ideal sind Laufräder mit Kugellager – sie quietschen nicht.

> **TIPP: BITTE NICHT STÖREN!**
> Schläft der Hamster in seinem Häuschen, darf man ihn nicht stören oder aufwecken. Verschieben Sie die regelmäßige Kontrolle des Schlafhäuschens auf die Zeit, in der der Hamster wach und gerade unterwegs ist.

AUSSUCHEN   *alles Wissenswerte*

SO WERDEN HAMSTER
zutraulich

LASSEN SIE SICH ZEIT Wenn Sie langsam vorgehen, um das kleine Wesen an sich zu gewöhnen, wird es nicht lange dauern, bis sich Ihr Hamster auf die Hand nehmen und füttern lässt. Je nach Hamster und dessen bisherigen Erfahrungen sind manche mutiger und werden schneller zahm, andere brauchen deutlich länger. Lassen Sie den Tieren die Zeit, die sie brauchen, und zwingen Sie sie nicht.

1. Beobachten

Solange der Hamster bei jedem Geräusch schnell wieder im Schlafhäuschen verschwindet, beobachten Sie ihn erst einmal aus der Entfernung. Sie werden sehen: Er wird bald mutiger und verschwindet nicht mehr gleich, sobald er Sie bemerkt, sondern fährt fort, seinen Käfig zu erkunden.

2. Kontakt aufnehmen

Sobald sich Ihr Hamster an die neue Umgebung gewöhnt hat, soll er auch Sie näher kennenlernen. Nähern Sie sich dem Käfig in Augenhöhe, bewegen Sie sich langsam und ohne hektische Bewegungen und sprechen Sie leise mit Ihrem Hamster. Bald kommt er neugierig ans Gitter und begutachtet seinen Besuch.

ZUTRAULICH WERDEN
1. Kontakt aufnehmen Hallo, mein Kleiner!
2. Bestechung Magst du einen Leckerbissen?

Streicheln erlaubt Wenn sich der Hamster neugierig der Hand mit dem Leckerbissen nähert, darf man vorsichtig streicheln.

3. Bestechung willkommen

Hamster sind durchaus bestechlich – machen Sie sich das zunutze! Am schnellsten verliert Ihr Hamster die Angst vor der Hand, wenn Sie ihm einen unwiderstehlichen Leckerbissen anbieten. Nehmen Sie nur ein kleines Stückchen, z. B. eine Nuss oder etwas Frischkäse, das er gleich ganz auffressen kann. Anfangs noch vorsichtig, wird er sich den Leckerbissen bald ohne Scheu holen.

4. Streicheln erlaubt

Nun kommt Ihr Hamster sicher schon neugierig angelaufen, wenn Sie sich dem Käfig nähern. Jetzt können Sie es wagen, zum ersten Mal Körperkontakt aufzunehmen. Während der Hamster seinen Leckerbissen bekommt, sprechen Sie ruhig mit ihm und streicheln mit einem Finger der anderen Hand vorsichtig über sein Fell.

5. Auf die Hand

Wenn sich Ihr Hamster ohne Furcht von Ihnen berühren lässt, können Sie versuchen, ihn mit Hilfe eines Leckerbissens auf Ihre Hand zu locken. Legen Sie Ihre Hand zunächst flach auf den Käfigboden. Wenn der Hamster darauf sitzt, können Sie sie vorsichtig etwas anheben. Bald gewöhnt er sich auch daran und Sie können ihn – die zweite Hand schützend über ihn gelegt – vorsichtig aus dem Käfig nehmen.

Geschafft!

Ihr Hamster hat nun seine Scheu vor Ihnen verloren. Er kommt neugierig ans Käfiggitter, wenn Sie sich nähern, und lässt sich ohne Angst in die Hand nehmen. Ermöglichen Sie ihm nun Freilauf in einem hamstersicheren Zimmer, bauen Sie ihm einen richtigen Abenteuerspielplatz oder lassen Sie ihn einfach mal auf Ihrem Körper auf Entdeckungstour gehen.

Beschäftigen Sie sich mit Ihrem Hamster immer am späten Nachmittag oder am Abend. Dann ist er ausgeschlafen, hat sich geputzt, ist satt und zu neuen Entdeckungen aufgelegt. ■

RICHTIG HOCHHEBEN UND TRAGEN
Einerseits darf man den Hamster beim Tragen nicht zu fest halten, um ihn nicht zu verletzen. Andererseits muss man ihn so gut festhalten, dass er nicht abstürzen kann. Hamster, die schon zahm sind, lässt man einfach auf eine Hand klettern und legt dann die andere schützend wie eine Höhle darüber. Scheue Hamster kann man in eine leere Klopapierrolle krabbeln lassen. Dann verschließt man sie vorn und hinten mit der flachen Hand und kann den Hamster so sicher tragen.

AUSSUCHEN | *alle Extras*

BAU DOCH MAL EIN
Hamster-Iglu

Dein Hamster wird sich freuen, wenn er so ein cooles Schlafhäuschen bekommt.

Das brauchst du
- einen Luftballon
- eine Rolle weißes, unparfümiertes Klopapier
- Bastelkleister ohne jegliche Zusätze, besser noch eine Mischung aus Mehl und Wasser
- eine Schere

❶ Kleister anrühren
Nimm eine Schüssel, füll den Kleister hinein und rühre das Ganze mit Wasser an. Auf der Kleisterpackung steht, wie es genau geht.

❷ Aufpusten
Puste den Luftballon auf, bis er ungefähr einen Durchmesser von 15 cm hat. Dann knote ihn gut zu.

FÜR KIDS

Rundherum bekleben ❸

Nun reißt du Stücke vom Klopapier ab, tauchst sie in den Tapetenkleister und klebst sie rund um den Ballon. Das untere Stück mit dem Knoten bleibt frei. Mach so rundherum immer weiter, bis der Ballon von einer richtig dicken Papier-Kleister-Schicht umgeben ist und seine Farbe nicht mehr durchschimmert.

Trocknen lassen

Den beklebten Ballon lässt du – am besten über Nacht – trocknen. Die Papierschicht muss ganz hart werden. Wenn man daraufklopft, klingt es fast wie Gips.

Ballon entfernen

Nun schneidest du mit einer Schere den Knoten des Ballons ab. Die Luft entweicht und du kannst die leere Ballonhülle ganz einfach herausziehen. Übrig bleibt eine feste, unten offene Kugel aus hart gewordenem Klopapier.

Zurechtschneiden ❹

Nun kannst du mit einer Schere das Iglu zurechtschneiden. Schneide etwas unterhalb der dicksten Stelle der Kugel einmal gerade rundherum, sodass das Iglu gut steht. Jetzt nur noch eine Tür hineinschneiden und dein Hamster kann einziehen.

Hamster optimal VERSORGEN

VERSORGEN | *alles im Überblick*

MEIN PFLEGEPLAN

S. 32

Tagesration für einen Hamster

- Basisfutter: zwei Teelöffel Körnermix
- Saftiges Obst: ein Stückchen Apfel oder Birne, ab und zu Melone, eine Erdbeere oder eine Traube (wenig, da sehr zuckerhaltig). – insgesamt etwa einen Esslöffel
- Knackiges Gemüse: ein Stück Karotte, Gurke, Paprika oder Fenchel etc. – insgesamt etwa einen Esslöffel
- Frisches Grün: ein kleines Sträußchen gemischte Kräuter
- Tierisches Eiweiß: ein bis zwei Mehlwürmer, eine Garnele oder ein kleines Stückchen Hundekuchen
- Heu und Wasser zur freien Verfügung

S. 40

30 GRAMM TIERISCHES EIWEISS BRAUCHT DER HAMSTER IN DER WOCHE.

S. 42
Naschen erlaubt

Knabbern, nagen, knuspern, naschen – das liebt Ihr Hamster. Damit er davon nicht zu dick wird, sollte er sich für seine Leckereien ein bisschen anstrengen müssen. Also werden sie nicht einfach im Napf serviert, sondern einfallsreich versteckt oder so deponiert, dass der Hamster sich recken und strecken muss. Außerdem gibt es „gute" und „schlechte" Naschereien: Eine Rosine, eine halbe Kirsche, ein Blättchen Petersilie oder ein Klecks Joghurt vom Finger geschleckt sind gesünder und machen weniger dick als Nüsse, Knabberstangen oder Nagerdrops.

S. 44
Ein paar Handgriffe

Täglich Futterreste entfernen, Näpfe und Trinkflasche reinigen und neu füllen. Toilettenecke reinigen. Freilauf für den Hamster im Zimmer oder auf dem Abenteuerspielplatz. Langhaarige Hamster kämmen.

Wöchentlich Der Käfig samt Inventar wird mit heißem Wasser gereinigt und verschmutzte Einstreu ausgetauscht. Frische Zweige zum Knabbern geben.

S. 50
Checkliste

Gesundheitscheck für jeden Tag

- ❏ Der Hamster schläft tagsüber, ist abends und nachts aktiv, putzt sich, frisst und bewegt sich viel
- ❏ Fell sauber und glänzend
- ❏ Augen und Ohren sauber
- ❏ Pfoten ohne Wunden; kein Humpeln
- ❏ Krallen und Zähne nicht zu lang
- ❏ Po sauber, trocken und ohne Verklebungen

VERSORGEN | *alles Wissenswerte*

HAMSTER GESUND *ernähren*

REICHHALTIGER SPEISEPLAN Auch wenn wild lebende Hamster in einem sehr kargen Lebensraum zu Hause sind, so ist ihr Tisch doch abwechslungsreich gedeckt: Gräser, Blätter, Blüten, Samen, Früchte, Wurzeln, Rinde, Keimendes, gesunde Kräuter und auch tierische Nahrung; hauptsächlich Insekten. In der Dämmerung gehen sie auf Nahrungssuche. Was sie finden, stopfen sie sich in die Backentaschen, und erst im sicheren Bau wird in Ruhe gefressen beziehungsweise ein Vorrat angelegt.

Die Basis: Körnerfutter

Als Grundlage bekommt der Hamster eine Körnermischung, die Sie als Goldhamster- oder Rattenmix fertig im Zoofachhandel kaufen können. Sie sollte nicht zu viele fetthaltige Sämereien und Nüsse enthalten, dafür aber einen Zusatz von tierischem Eiweiß, z. B. getrocknete Garnelen.

Die Mischung macht's

Oft mögen Hamster nicht alles, was im Fertigfuttermix steckt. Sie können Ihrem Hamster deshalb auch selbst seine Lieblingsmischung zusammenstellen. Hinein gehören hauptsächlich Haferflocken und -körner, Maiskörner und -flocken, Reisflocken oder Puffreis, Weizenkörner, Buchweizen, Kolbenhirse. Ergänzen können Sie diese Grundmischung dann mit einigen ungekochten Nudeln, etwas Müsli (ohne Zuckerzusatz), ein paar Stückchen Johannisbrot, ein paar Knäckebrotstückchen und einigen Rosinen.

① Täglich gibt es eine frische Portion Körnerfutter in den Napf.

② Zuerst wird der Napf durchwühlt. Her mit den besten Stücken!

③ Anschließend werden die Backentaschen vollgestopft.

Kolbenhirse bietet eine willkommene Abwechslung und lädt zum Knabbern ein. Man kann sie auch aufhängen.

Für Zwerghamster ist das handelsübliche Goldhamsterfutter zu grob. Mischen Sie es deshalb mit einer guten Samenmischung oder Wellensittichfutter, das kleinere Sämereien wie Hirse und Hanf enthält.

Die richtige Menge

Für einen Hamster genügt ein Esslöffel Körnerfuttermix pro Tag – die genaue Menge werden Sie mit der Zeit herausfinden. Ein guter Anhaltspunkt ist es, wenn der Futternapf morgens leer gefressen ist, der Hamster eifrig Futter sammelt, Vorräte anlegt und Ihnen Leckereien geradezu aus der Hand reißt.

Zur Kontrolle können Sie Ihren Hamster regelmäßig auf einer empfindlichen Waage – am besten in einer kleinen Schüssel, damit er nicht wegläuft – wiegen. (Weibchen wiegen 160–180 g, Männchen 140–160 g.)

Jede Menge Heu

Qualitativ hochwertiges Heu – es duftet aromatisch, ist grün und nicht grau, und man erkennt viele verschiedene Kräuter und Gräser darin – geben Sie Ihrem Hamster zur freien Verfügung in den Käfig. Es wird nicht nur gern geknabbert, sondern dient dem Hamster auch dazu, sein Nest auszupolstern.

Frisches Wasser

Auch wenn ein Hamster – vor allem wenn er viel Frischfutter bekommt – wenig oder fast gar nichts trinkt, sollte immer frisches Wasser zur Verfügung stehen. Am besten bieten Sie ihm das Wasser in einer kleinen Nippelflasche an. So kann er sich jederzeit selbst bedienen und die Einstreu bleibt trocken. Die Flasche spülen Sie einmal am Tag gründlich aus und füllen sie mit frischem Wasser. Das Röhrchen können Sie mit einem Wattestäbchen reinigen, die Flasche mit einer kleinen Flaschenbürste.

GESUNDES FUTTER
Ausgewogenes Hamsterfutter hat wichtige Aufgaben:
- Es liefert wertvolle Inhaltsstoffe: Kohlenhydrate, Eiweiß, Fett, Vitamine, Spurenelemente und Ballaststoffe in einer ausgewogenen Zusammensetzung.
- Es sorgt für die Abnutzung der Zähne: Denn die Nagezähne wachsen ständig nach und müssen sich deshalb regelmäßig abnutzen können. Dies geschieht beim Abbeißen und Kauen der Nahrung. Dabei kommt es weniger darauf an, wie hart das Futter ist, sondern darauf, dass die Zähne möglichst häufig aufeinander reiben.
- Es ist Beschäftigung: Hamster verbringen viel Zeit mit der Nahrungssuche und -aufnahme. Auch als Heimtiere befriedigen sie dabei ihr natürliches Beschäftigungsbedürfnis.

VERSORGEN | *alles Wissenswerte*

Vitamincocktail
FÜR FITTE HAMSTER

VITAMINE Obst und Gemüse gehören unbedingt auf den Speiseplan Ihres Hamsters. Sie bringen Abwechslung, gesunde Vitamine und Mineralstoffe, versorgen den Hamster mit ausreichend Feuchtigkeit und – schmecken!

Obst und Gemüse

Außer Zitrusfrüchten können Sie Ihrem Hamster fast alles anbieten, was Sie zu Hause haben: Äpfel, Birnen, Melonen, Erdbeeren, Himbeeren, Blaubeeren, Trauben, Pflaumen, Nektarinen, Pfirsiche, Bananen und Mango. Waschen und schälen Sie die Früchte und geben Sie Ihrem Hamster kleine Mengen davon (etwa einen Esslöffel voll pro Tag). Zwerghamster neigen zu Diabetes. Hier sollte man süßes Obst nur sehr dosiert verfüttern.

Lecker sind auch Trockenfrüchte wie Rosinen oder Apfelringe. Sie sind echte Powerpakete und liefern viele Mineralien – allerdings auch viel Zucker, deshalb nur kleinste Mengen anbieten.

Leckermäuler Manche Hamster sind wählerisch und suchen sich zuerst ihr Lieblingsfutter heraus.

Bananen Sie enthalten sehr viel Zucker, daher nur selten und jeweils nur ein kleines Stückchen geben.

Herausforderung Ob es der Hamster schafft, den Apfel irgendwo anzunagen? Hier ist voller Einsatz gefragt!

In Sicherheit Was nicht in die Backentaschen passt, wird so ins Häuschen getragen. Sicher ist sicher.

Neben Obst gehört auch frisches Gemüse in Hamsters Futternapf. Außer Kohl, der blähend wirkt, und Kopfsalat, der durch Düngung oft belastet ist, darf der Hamster alles probieren, was das Gemüsebeet zu bieten hat: Karotte, Fenchel, Paprika, Brokkoli, Kürbis, Chicoree, Rote Bete, Gurke, Mais, Zucchini, Feldsalat, Endivie. Auch hier gilt: vorher waschen und abtrocknen.
Viele Gemüsesorten – wie z. B. Karotten und vor allem auch Rote Bete – enthalten Farbstoffe, die mit dem Urin ausgeschieden werden. Erschrecken Sie nicht, wenn der Urin Ihres Hamsters plötzlich eine andere Farbe hat, nachdem dieses Gemüse auf seinem Speiseplan stand. Es kann auch passieren, dass sich – besonders bei sehr hellen Hamstern – das Fell dadurch etwas verfärbt. Das ist aber alles unbedenklich.

Immer frisch

Obst und Gemüse geben Sie Ihrem Hamster immer erst kurz vor seiner abendlichen Wachphase in den Käfig, damit es ganz frisch ist. Was er bis zum nächsten Morgen nicht gefressen hat, entfernen Sie wieder. Wenn er abends sein Schlafhäuschen verlassen hat, sehen Sie nach, ob er dort Frischfutter gehamstert hat. Weil es leicht schimmelt und die anderen Vorräte durchfeuchtet, sollten Sie es entfernen.

Nichts vom Tisch

Nahrungsmittel von unserem Tisch sind für Hamster ungeeignet! Auch Zucker hat auf dem Speiseplan eines Hamsters nichts verloren. Achten Sie schon beim Kauf von Futter darauf, dass kein Zucker enthalten ist, der sich oft auch hinter den Bezeichnungen „Glucose", „Fructose" oder „Maltose" verbirgt.
Süßigkeiten können für Hamster sogar richtig gefährlich werden – nicht nur wegen des Zuckers: Schokolade und Gummibärchen kann der Hamster nicht mehr vollständig aus seinen Backentaschen entfernen, die Taschen verkleben und können sich sogar entzünden.

FUTTERUMSTELLUNG
Hamster sind sehr empfindlich und reagieren auf Futterumstellungen oft mit Verdauungsproblemen. Stellen Sie das Futter daher langsam um. Geben Sie von neuen Obst- und Gemüsesorten erst einmal nur ein kleines Stückchen. Bei Körnerfutter mischen Sie nach und nach einen immer größer werdenden Anteil des neuen Futters unter das alte. Wenn Sie Ihren Hamster kaufen, fragen Sie nach, was er bisher bekommen hat. Füttern Sie zunächst das alte Futter weiter und ersetzen Sie es nur schrittweise durch das neue.

VERSORGEN | *alle Extras*

Ein Powerspieß
FÜR DEINEN HAMSTER

So ein bunter Spieß macht Spaß, schmeckt und ist gesund!

Du brauchst
- einen Schaschlikspieß aus Holz
- ein kleines Messer
- ein Schneidebrett
- verschiedenes Obst, z. B. Apfel, Birne, Melone
- verschiedenes Gemüse, z. B. Gurke, Karotte, Paprika, Fenchel

❶ Waschen und schneiden
Wasche das Obst und Gemüse und trockne es ab. Nun schneidest du von jeder Obst- und Gemüsesorte ein Stück ab und teilst dieses in kleine Stückchen oder Scheiben. Lass dir beim Schneiden vielleicht von einem Erwachsenen helfen.

❷ Aufspießen
Nun steckst du immer abwechselnd die Obst- und Gemüsestückchen auf den Spieß – schön bunt durcheinander.

FÜR KIDS

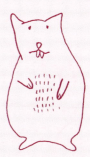

❷ Guten Appetit

Nun darf dein Hamster von dem Spieß naschen. Stelle ihn in eine Käfigecke oder halte deinem Hamster den Spieß hin. Was macht er? Nascht er gleich vom ersten Stückchen oder schnüffelt er, um seine Lieblingsobst- oder -gemüsesorte zu finden?

Noch mehr vitaminreiche Ideen

Du kannst die Obst- und Gemüsestückchen auch mit Hilfe einer dicken Nadel auf eine Schnur auffädeln. Diese Schnur spannst du dann quer durch den Hamsterkäfig – so hoch, dass dein Hamster sich auf die Hinterbeine stellen muss, um an die Leckerbissen zu kommen.

Besorge dir einen Ziegelstein und stecke in die Löcher kleine Stücke von Apfel, Karotte und Gurke. Nun muss dein Hamster versuchen, die Leckereien aus den Löchern herauszuknabbern oder -zuziehen.

VERSORGEN | *alles Wissenswerte*

FRISCHES GRÜN BRINGT *Abwechslung*

VIELFÄLTIGES GRÜNFUTTER gehört wie Obst und Gemüse zu einer abwechslungsreichen, artgerechten Ernährung dazu. Reichen Sie das Grünzeug lose im Käfig verteilt, in einem kleinen Napf oder zu einem Sträußchen gebunden, das Sie von der Käfigdecke baumeln lassen können. Frisches Grün bekommt der Hamster am Abend, die Reste werden am nächsten Morgen entfernt.

FRISCH VOM MARKT
Viele Gemüsestände auf Wochenmärkten haben auch die verschiedensten Küchenkräuter im Angebot. Von hier können Sie Ihrem Hamster ab und zu einen duftenden Strauß mitbringen.

Selbst gesammelt

Geeignete Wildpflanzen – Halme, halb reife Sämereien und Fruchtstände – wachsen fast überall. Pflücken Sie am besten von unbewirtschafteten Wiesen, die sich durch einen artenreichen Kräuterbestand auszeichnen, oder von biozidfreien Grünflächen und Gärten. An Bahndämmen, Straßen und Wegrändern, aber auch in öffentlichen Parkanlagen und in der Nähe von Baumschulen und Gärtnereien sammelt man besser nicht. Die hier wachsenden Pflanzen sind oft durch Abgase, Tierkot, Pflanzenschutzmittel oder Dünger belastet.

Kräutersträußchen kann man kopfüber in den Käfig hängen ...

... und Hamster mögen sie zum Fressen gern.

Katzengras kann man im Zoo- oder Gartenfachhandel kaufen.

Es bietet eine gute Alternative zu selbst gesammelten Kräutern.

GESUNDE KRÄUTER
Diese Futterpflanzen, auch die Blüten- und Fruchtstände, schmecken Ihrem Hamster und bekommen ihm gut:

- Beifuß
- Brennnessel (anwelken oder zu Heu trocknen lassen)
- Gänseblümchen
- Gräser
- Hirtentäschelkraut
- Kamille
- Klee (maximal 10 % der Grünfuttermenge)
- Kornblumenblüten
- Löwenzahn
- Luzerne
- Petersilie
- Pfefferminze
- Salbei
- Sauerampfer
- Schafgarbe
- Vogelmiere
- Wegerich

Sammeltipps

Sammeln Sie nur so viel, wie Ihr Hamster in einer Nacht frisst. Nehmen Sie nur saubere, trockene Kräuter ohne welke oder vergilbte Blätter mit. Die Pflanzen schneiden Sie sauber ab und nehmen auch nie das letzte Exemplar von einem Standort. Zum Sammeln eignet sich am besten ein kleiner Korb.
Zu Hause angekommen, werden die frisch gesammelten Kräuter gleich an Ihren Hamster verfüttert.

Grünes von der Fensterbank

Was tun, wenn es Winter ist und draußen nichts wächst? Oder die nächste brauchbare Sammelwiese zu weit entfernt liegt? Dann bauen Sie frisches Grün für Ihren Hamster selbst an. Das geht ganz einfach: Füllen Sie ein Pflanzgefäß aus Ton oder Keramik mit Anzuchterde. Nun säen Sie Kräuter- oder Grassamen, Hanf oder Getreide aus – es gibt auch fertige Saatgutmischungen im Zoofachhandel. Die Erde immer schön feucht halten, und schon nach wenigen Tagen zeigen sich die ersten grünen Spitzen. Spätestens nach drei bis vier Wochen können Sie ernten. Schneiden Sie immer nur so viel ab, wie Ihr Hamster bei einer Mahlzeit verzehrt, und säen Sie regelmäßig nach, sodass Sie ständig einen Vorrat an frischem Grün auf der Fensterbank haben. Und wenn Ihnen das zu viel Aufwand ist: Kaufen sie einfach fertig gezogenes Katzengras im Zoofachhandel!

KRÄUTER SAMMELN Hier finden Sie genaue Beschreibungen von Wildkräutern. Unter www.m.kosmos.de/13257/tb4 erhalten Sie diese Informationen auch.

VERSORGEN | *alles Wissenswerte*

ERGÄNZUNG FÜR DEN *Speiseplan*

ABWECHSLUNG gehört unbedingt auf den Speiseplan Ihres Hamsters. Und sicher wollen Sie ihm auch ab und zu mit einer kleinen Leckerei eine Freude machen. Lesen Sie hier, wie Sie für eine abwechslungsreiche und gesunde Ernährung Ihres Hamsters sorgen.

Tierisches Eiweiß

Etwa 30 Gramm tierisches Eiweiß sollte ein Hamster pro Woche bekommen – bei Zwerghamstern darf der Anteil tierischer Nahrung bis zu 50 % der Gesamtfuttermenge betragen. Sehr beliebt ist bei Hamstern Lebendfutter wie Mehlwürmer, Heuschrecken und Grillen, Zoophobas-Larven und -Puppen. Man bekommt diese Futtertiere im Zoofachhandel und kann Sie auch zu Hause auf Vorrat halten.

Da dies aber nicht jedem behagt und Hamster auch nur kleine Mengen vertilgen, eignen sich auch gefriergetrocknete Bachflohkrebse und Garnelen, fettarmer Joghurt, Magerquark, Hüttenkäse oder ein wenig Tatar als Eiweißlieferanten. Auch ein Stückchen hartgekochtes Ei bietet sich an.

Von all diesen Dingen darf allerdings nichts gehamstert werden, weil es sonst zu schnell verderben kann!

Tierisches Eiweiß steckt beispielsweise in Joghurt oder Quark, den Ihr Hamster gern vom Löffel schlecken wird.

Nagespaß für Hamster

Hamster müssen viel nagen und kauen, damit sich ihre ständig nachwachsenden Nagezähne regelmäßig abnutzen. Bieten Sie Ihrem Hamster dafür entweder Nagerholz aus dem Zoofachhandel oder selbst gesammelte frische Zweige. Geeignet sind Zweige von Kern- und Steinobst, Haselnuss, Buche, Pappel, Erle und Weide – wenn sie ungespritzt sind. Geben Sie die Zweige mit Blättern und Knospen in den Käfig: So liefern Sie nicht nur jede Menge Nagespaß und Beschäftigung, sondern auch wertvolle Ballaststoffe, Gerbstoffe und Öle.

Sprossen

Jede Menge Vitamine, Abwechslung auf dem Speiseplan und gesunde Leckerbissen noch dazu – mit frisch gekeimten Sprossen schlagen sie gleich drei Fliegen mit einer Klappe. Und Sie können sie ganz einfach selbst ziehen: In einer Keimbox oder in einer Schale auf durchfeuchtetem Küchenpapier.
So einfach geht es: Streuen Sie Weizen-, Soja- oder Maiskörner flach aus und halten Sie das Keimgut immer feucht. Schon nach wenigen Tagen beginnen die Körner zu keimen. Sobald die Sprossen einige Zentimeter lang sind, können sie im Ganzen (also nicht abschneiden) verfüttert werden. Nicht gefressene Sprossen werden am nächsten Tag entfernt.

> **TIPP: HUNDEKUCHEN**
> Auch ein Stück Hundekuchen, der Fleisch enthält – achten Sie auf die Packungsaufschrift – ist bei Hamstern als Eiweißlieferant sehr beliebt. Außerdem hat es den Vorteil, dass es nicht so schnell verdirbt, wenn einmal etwas davon gehamstert wird.

Rosinen Hamster lieben Rosinen. Sie können als Leckerchen verfüttert werden, auch Pinienkerne sind willkommen.

Harte Nuss Walnüsse sind eine Herausforderung. Der Hamster muss ganz schön nagen, bis er an den Kern gelangt.

Leckereien

Auch Hamster naschen gern! Und wenn dies in Maßen geschieht, ist das kein Problem. Geben Sie von diesen Leckereien ein- bis zweimal pro Woche immer nur kleine Mengen, die sofort gefressen werden:

- Erdnüsse in der Schale
- eine halbierte Walnuss mit Schale
- Sonnenblumenkerne
- Pinienkerne
- Kürbiskerne

VERSORGEN | *alles Wissenswerte*

Fitness-Food
FÜR FLOTTE HAMSTER

NAGEN, KNABBERN, Fressen, Hamstern – neben Schlafen die Lieblingsbeschäftigung aller Hamster. Damit des Hamsters liebstes Hobby fit, aber nicht fett macht, gibt's das Futter nicht einfach nur im Napf serviert, sondern auf immer wieder neue Weise raffiniert angeboten als Fitness-Food.

Recken und strecken

Machen Sie es Ihrem Hamster nicht zu leicht. Er soll sich ruhig ein wenig anstrengen, um an sein Futter zu kommen. Zum Beispiel so:

- Binden Sie frische Kräuter zu einem Sträußchen zusammen und lassen Sie es von der Käfigdecke baumeln.
- Auch frische Zweige können Sie von oben durch die Gitterstäbe stecken.
- Fädeln Sie Obst- und Gemüsestückchen auf eine Schnur und spannen Sie diese quer durch den Käfig.
- Genauso können Sie auch Röhrchennudeln auffädeln. Diese „Girlande" kann gern länger im Käfig hängen bleiben, da sie nicht verdirbt.
- Etwas blumiger wird es, wenn sie die Blütenköpfchen von Gänseblümchen und Löwenzahn auffädeln und in den Käfig hängen.
- Klemmen Sie Karotten- oder Apfelstücke zwischen die Gitterstäbe. Hamster können gut klettern und werden auch von diesen Häppchen naschen.

Verstecken Sie das Futter für Ihren Hamster. Bohren Sie beispielsweise Löcher in einen Ast, die Sie mit Leckereien füllen.

Begeistert wird Ihr Hamster das neue Objekt erkunden, sein Lieblingsfutter herausziehen und es sich schmecken lassen.

Wühlbox Im Heu können Sie kleine Futterstückchen verstecken und den Hamster suchen lassen.

Immer der Nase nach

Hamster können sehr gut riechen. Verstecken Sie also das Futter, sodass der Hamster danach suchen muss. Sie werden sehen: Er findet es immer!

- Wickeln Sie kleine Portionen von Sämereien und Körnern in ein Papiertaschentuch und verstecken Sie diese Päckchen im Käfig.
- Streuen Sie auf eine Handvoll Heu etwas Hamsterfutter. Nun drücken Sie alles zu einer Kugel zusammen und legen diese ins Hamsterheim.
- Verstecken Sie immer mal wieder eine ganze Erdnuss oder ein paar Kürbiskerne mit Schale in der Einstreu – Ihr Hamster findet auch diese und nagt sich zum Kern durch.
- Einen besonderen Leckerbissen, z. B. einen Mehlwurm, verstecken Sie unter einer kleinen umgedrehten Schachtel. Ihr Hamster wird alles daran setzen, darunterzukriechen oder die Schachtel umzudrehen.
- Streuen Sie auf den Boden einer flachen Schale etwas Körnerfutter. Nun geben Sie feinen Vogelsand darüber, sodass alles bedeckt ist. Ihr Hamster wird sicher bald alles wieder ausgebuddelt haben.

ZWEIGE Eine Übersicht über geeignete Zweige zum Nagen finden Sie hier. Unter www.m.kosmos.de/13257/tb5 gibt es die gleichen Informationen.

Hier ist Geschicklichkeit gefragt

Ihr Hamster ist erstaunlich geschickt mit seinen Vorderpfoten, und auch mit seinem Mäulchen leistet er so einiges. Probieren Sie aus, ob er das schafft:

- Stecken Sie kleinste Futterstückchen in einen Lochstein – Ihr Hamster muss sie nun wieder herausziehen.
- Legen Sie einmal einen ganzen Apfel in den Hamsterkäfig. Schafft Ihr Hamster es, sich durch die Schale zu fressen?
- Eine halbierte Walnuss in der Schale ist ein ganz besonderer Leckerbissen, für den sich Ihr Hamster richtig ins Zeug legen wird.
- Bohren Sie in einen Ast kleine Löcher und stecken Sie einige Futterkörnchen hinein. Jetzt ist „Fingerspitzengefühl" gefragt!
- Nehmen Sie einen dicken Strohhalm (aus Stroh und nicht aus Plastik!) und lassen Sie feine Sämereien hineinrieseln. Wie bekommt Ihr Hamster sie wieder heraus?

Hamster lieben Röhren Der Durchmesser muss allerdings so groß sein, dass er auch mit vollen Backen hindurchpasst.

VERSORGEN | *alles Wissenswerte*

GRÜNDLICHER
Wohnungsputz

ALLES SAUBER? Damit Ihr Hamster gesund bleibt, ist eine saubere Haltung wichtig. Verwenden Sie keine Reiniger oder Spülmittel, Reste davon bekommen dem Hamster schlecht und seine feine Nase erträgt die Düfte nicht.

Täglich

FUTTER Morgens entfernen Sie alle Reste von nicht gefressenem Frischfutter. Kontrollieren Sie dabei auch das Schlafhäuschen, ob dort gehamstert wurde. Alle Näpfe und die Trinkflasche vor der Fütterung mit heißem klarem Wasser ausspülen, abtrocknen und frisch befüllen. Morgens gibt es die Körnermischung, am späten Nachmittag geben Sie dann das Frischfutter in den Käfig.

REINIGUNG Entfernen Sie die verschmutzte Streu aus der Toilettenecke und ersetzen Sie sie durch frische.

BESCHÄFTIGUNG Einmal am Tag ist Action angesagt: Ihr Hamster darf seinen Bewegungsdrang ausleben. Entweder in einem absolut sicheren Hamsterzimmer oder auf seinem Abenteuerspielplatz.

PFLEGE Augen klar? Ohren sauber? Fell glänzend? Gut drauf? Beobachten Sie genau, ob sich Ihr Hamster normal verhält und einen gesunden Eindruck macht. Ein Hamster mit langem Fell wird vorsichtig gekämmt.

Wöchentlich

FUTTER Wenn Sie für Ihren Hamster ein kleines Beet für frisches Grün auf der Fensterbank angelegt haben, säen Sie einmal wöchentlich nach, damit immer für Nachschub gesorgt ist. Es lohnt sich auch, einmal in der Woche einige Körner zum Keimen zu bringen, um mit frischen Spros-

Eine Hamstertoilette, in der bevorzugten Pinkelecke des Hamsterheims aufgestellt, vereinfacht die tägliche Reinigung.

Schlafhäuschen ohne Boden lassen sich gut kontrollieren. Frischfutter wird regelmäßig daraus entfernt, ehe es verdirbt.

PFLEGE Einmal pro Woche machen Sie einen ausführlichen Gesundheits-Check und betrachten sich ganz genau das Fell, Augen, Ohren und Nase, Zähne, Pfoten und Krallen, den Po und den Bauch. Das Fell von Langhaar-Hamstern wird nach verfilzten Stellen abgesucht; lassen sie sich nicht entwirren, werden sie vorsichtig herausgeschnitten.

Monatlich

REINIGUNG Einmal im Monat werden alle Einrichtungsgegenstände kontrolliert. Was beschädigt oder verschmutzt ist, wird ausgetauscht. Auch das Schlafhäuschen wird nur einmal im Monat gereinigt. Dann entfernen Sie verschmutzte Teile des alten Nestes und geben frisches Nistmaterial in den Käfig.

BESCHÄFTIGUNG Sorgen Sie für Abwechslung: Käfigzubehör, das den Hamster zur Beschäftigung anregen soll, wird immer wieder ausgetauscht. Bauen Sie auch den Abenteuerspielplatz ab und zu um. Und lassen Sie sich Überraschungen einfallen: Einen Powerspieß, eine Blütengirlande oder verstecken Sie ein paar Leckerbissen im Käfig. ∎

sen Abwechslung auf den Speiseplan zu zaubern. Einmal wöchentlich ist auch Zeit für eine besondere Leckerei wie z. B. eine Nuss.

REINIGUNG Je nach Bedarf wird stark verschmutzte Einstreu entfernt und durch neue ergänzt (ersetzen Sie nicht alle Einstreu auf einmal, damit dem Hamster seine vertrauten Geruchsmarkierungen erhalten bleiben) und Käfig und Bodenschale mit klarem heißem Wasser und einer Bürste gründlich gereinigt. Auch die Einrichtungsgegenstände säubern.

Die Näpfe werden täglich gereinigt und frisch befüllt. Hier wird der Nachschub schon sehnlichst erwartet.

VERSORGEN | *alles Wissenswerte*

Gepflegte HAMSTER

GANZ SCHÖN REINLICH Mit Recht heißt es: „Hamster sind pflegeleichte Tiere". Sie sind überaus sauber und reinlich und Körperpflege steht bei ihnen täglich gleich nach dem Aufwachen auf dem Programm. Sie selbst müssen fast gar nichts tun, sind allerdings für die Sauberkeit in seiner Behausung zuständig, wie wir es auf Seite 44 beschrieben haben.

Ein Sandbad wird Ihr Hamster mit Wonne nutzen, um sich darin zu wälzen und zu wühlen. Das Gefäß sollte einen hohen Rand haben.

Hamster putzen sich sorgfältig. Sie belecken ihre Pfötchen …

… und „waschen" damit das Fell im Gesicht und am Körper.

Zum Schluss werden die Tasthaare glattgestrichen.

Körperpflege nach Hamsterart

Jeden Abend nach dem Aufwachen, Strecken, Recken und Dehnen beginnt das Körperpflege-Zeremoniell: Von Kopf bis Fuß wird das Fell gründlich gereinigt. Der Hamster entfernt lose Haare und wäscht – aufrecht sitzend – mit den beleckten Vorderpfoten Gesicht und Körper. Wenn es sein muss, hilft er mit Zunge und Zähnen etwas nach, und wo es noch juckt, wird mit der Hinterpfote gekratzt. Zum Schluss wird alles wieder mit den Pfötchen geglättet, bis das Fell ordentlich und glänzend am Körper liegt. Bei einem gesunden Hamster ist das Fell glatt und glänzend. Krankheiten, Mangelerscheinungen durch falsche Ernährung und Parasiten zeigen sich oft zuerst am Fell: Es wird struppig, matt und dünn. Gehen Sie dann unbedingt der Ursache auf den Grund.

KEIN WASSER ANS FELL
Hamster kommen aus eher trockenen Gebieten. Ihr Fell enthält daher kaum wasserabweisende Stoffe. Würde man sie baden, saugte sich das Fell sofort mit Wasser voll; eine tödliche Erkältung wäre die Folge.

Pflegehilfe für Langhaar-Hamster

Kurzhaarige Hamster braucht man nicht zu kämmen oder zu bürsten. Anders sieht es bei Angora- oder Teddyhamstern aus. Trotz eifriger Putzbemühungen kann ihr Fell immer wieder einmal verfilzen oder verkleben. Deshalb ist es sinnvoll, diese Tiere daran zu gewöhnen, einmal täglich mit einer Kleintierbürste oder einem sogenannten Insektenkamm gekämmt oder gebürstet zu werden. Unentwirrbare Knoten schneiden Sie mit einer abgerundeten Schere (Nagelschere für Babys) vorsichtig heraus.

Sandbad

Wenn Sie Ihrem Hamster etwas Gutes tun möchten, dann gönnen Sie ihm regelmäßig ein Sandbad. Füllen Sie eine flache, nicht zu kleine Schale (der Hamster soll ganz hineinpassen) mit feinem Chinchillasand aus dem Zoofachhandel – Vogelsand oder Sand aus dem Sandkasten sind nicht geeignet. Ihr Hamster wird mit Begeisterung in seinem Sandbad wühlen und sich darin wälzen.

VERSORGEN | *alles Wissenswerte*

MIT DEM HAMSTER BEIM *Tierarzt*

ARTGERECHTE HALTUNG, ausgewogene Ernährung und liebevolle Pflege sind die besten Voraussetzungen dafür, dass Ihr Hamster gesund und fit bleibt. Wenn Sie beobachten, dass sich Ihr Hamster nicht wohlfühlt, dann überlegen Sie, woran es liegen könnte. Oft geht es ihm schnell wieder gut, wenn man die Ursachen beseitigt. Ein zu kleiner Käfig, ein ungeeigneter Standort, Ernährungsfehler, Zugluft, Feuchtigkeit, Kälte oder Hitze, Stress und mangelnde Hygiene können Gründe dafür sein, dass Ihr Hamster einen kranken Eindruck macht. Schaffen Sie optimale Bedingungen und Ihr Hamster ist schnell wieder auf den Beinen. Wenn Sie jedoch den Eindruck haben, Ihr Hamster sei krank, sollten Sie möglichst bald mit ihm zum Tierarzt gehen.

Gesundheits-Check

Beobachten Sie Ihren Hamster (am besten abends) und achten Sie dabei besonders auf folgende Punkte:

- Afterregion: Sauber, trocken und ohne Verklebungen.
- Fell: Sauber und glänzend.
- Pfoten: Keine Wunden, Borken etc. an den Sohlen, kein Humpeln.
- Krallen und Zähne: Nicht zu lang.
- Verhalten: Schläft tags, ist abends und nachts aktiv, putzt sich, frisst und bewegt sich viel im Käfig.
- Ist weder zu dünn noch zu dick. Der Körper sollte leicht walzenförmig sein.

Gesunde Hamster haben einen trockenen, sauberen Po ohne Verklebungen und keinen Durchfall.

Niesen, Husten oder Ausfluss aus dem Näschen deuten auf Erkrankungen hin – gehen Sie dann zum Tierarzt.

Was sagt die Waage? Wiegen Sie Ihren Hamster wöchentlich. Ein Gewichtsverlust kann auf eine Erkrankung hindeuten.

> **AB AUF DIE WAAGE**
> Wiegen Sie Ihren Hamster einmal die Woche. Verliert er plötzlich an Gewicht, ist das oft ein Hinweis auf eine Erkrankung. Schwankungen von 5 g sind normal.

Wenn Sie die folgenden Anzeichen beobachten, ist Ihr Hamster krank, und Sie sollten mit ihm zum Tierarzt gehen:
- Verletzungen und offene Wunden
- Lahmen
- stumpfes, struppiges Fell oder Haarausfall
- Parasitenbefall
- Durchfall
- Speicheln
- Krämpfe
- Ausfluss aus der Nase
- Niesen, Husten, röchelnder Atem
- triefende Augen
- Gewichtsverlust

 BEIM TIERARZT Tierarztbesuche sind aufregend. Damit Sie nichts vergessen, finden Sie hier eine Checkliste, ebenso unter www.m.kosmos.de/13257/t6

Mit dem Hamster zum Tierarzt

Wenn Sie Ihrem Hamster selbst nicht schnell helfen können oder Sie befürchten, er könnte krank sein, dann heißt es: Ab zum Tierarzt! Rufen Sie vorher an und lassen Sie sich möglichst einen Termin am Abend geben. Setzen Sie Ihren Hamster in seine Transportbox und geben auch etwas von der Einstreu aus dem Käfig und seinem Nest dazu. Falls Sie befürchten, Ihr Hamster könnte etwas Giftiges gefressen haben, nehmen Sie auch eine Kotprobe und evtl. etwas von der verdächtigen Substanz mit.

Ihr Tierarzt wird Ihnen einige Fragen stellen, um zu einer sicheren Diagnose zu kommen:
- Wie alt ist der Hamster?
- Wo und wie wird er gehalten?
- Welche Symptome haben Sie beobachtet?
- Wann haben Sie die Symptome zum ersten Mal bemerkt?
- Frisst und trinkt er normal?
- Wie verhält er sich?
- Wie sehen seine Ausscheidungen aus?

Krankenpflege

Je nach Diagnose wird der Tierarzt Ihnen Medikamente verschreiben, aber auch besondere Ernährungs- oder Hygienemaßnahmen anordnen. Lassen Sie sich zeigen, wie man die Medikamente verabreicht, fragen Sie ruhig nach, wenn Sie nicht gleich alles verstanden haben, und halten Sie sich an die Vorgaben des Tierarztes, damit es Ihrem Hamster schnell wieder besser geht. Erst nach Rücksprache mit dem Tierarzt sollten Sie die Medikamentengabe einstellen und zu Ihren alten Futtergewohnheiten zurückkehren.

VERSORGEN | *alles Wissenswerte*

DIE HÄUFIGSTEN
Hamster-krankheiten

Krankheitsanzeichen	Verdacht auf	Maßnahmen
Krallen zu lang	(Keine Krankheit)	Legen Sie einen Stein mit rauer Oberfläche in den Käfig, am besten zwischen Häuschen und Futternapf. Sollten sie sehr lang sein, lässt man sie vom Tierarzt kürzen.
Hamster reagiert nicht auf Berührung, fühlt sich kühl an, Atmung und Herzschlag sind verlangsamt.	Bei Temperaturen unter 10 °C fallen Hamster in den Winterschlaf (z. B. längeres Lüften bei kühlen Temperaturen).	Nehmen Sie den Hamster in die Hand und wärmen Sie ihn vorsichtig auf. Vermeiden Sie Kälte und Zugluft, denn das „Runter- und Hochfahren" des Stoffwechsels belastet das Tier.
Zu lange oder abgebrochene Nagezähne		Zu lang: Geben Sie Ihrem Hamster Zweige und harte Hundekuchen zum Benagen. Frisst der Hamster schlecht, hat abgebrochene Zähne oder Zahnfehlstellungen, sollte man ihn dem Tierarzt vorstellen.
Hamster verliert deutlich an Gewicht (einmal wöchentlich wiegen). Dadurch, dass die Fettschicht abgebaut wird, wirkt das Schwänzchen plötzlich deutlich länger.	Oft ein Hinweis auf Krankheit oder Stress	Optimieren Sie die Haltungsbedingungen. Klären Sie beim Tierarzt ab, was die Ursache sein könnte.
Backentaschen sind prall gefüllt (eine oder beidseitig) und werden nicht entleert, riechen streng, Hamster sammelt kein Futter mehr, streicht sich häufig über die Backentaschen, ist lustlos oder unruhig.	Backentaschen sind verklebt oder entzündet. a) Hat das Tier Stress, hamstert es und trägt das Futter lange mit sich herum, dadurch können sich Klumpen bilden. b) Süßigkeiten (auch Nagerdrops, Knabberstangen oder Ähnliches). Zucker sorgt für Verklebungen, der Hamster kann den Inhalt nicht selbstständig leeren. c) Nistmaterial wie Nagerwatte wickelt sich um Essensreste und bildet einen Klumpen. d) Entzündungen	Beobachten Sie Ihren Hamster, bieten Sie ihm eine große Menge an Futter an. Gesunde Hamster fressen alles in sich hinein und bringen es in eine sichere Ecke, wo die Backentaschen entleert werden. Schafft er es nicht selbst, sollten Sie mit ihm zum Tierarzt gehen, der die Backentaschen vorsichtig entleert und auf Entzündungen hin untersucht.

Krankheitsanzeichen	Verdacht auf	Maßnahmen
Schorf rund ums Mäulchen	a) Lippengrind: entsteht durch Vitamin A- und C-Mangel. Die Mundwinkel werden rissig, in den Verletzungen siedeln sich Bakterien oder Pilze an und sorgen für Entzündungen. b) Parasiten	Für ausgewogene und vitaminreiche Ernährung sorgen. Zudem ungesättigte Fettsäuren in Form von Sonnenblumenkernen zuführen. Der Tierarzt macht einen Abstrich und verschreibt Ihnen ein passendes Medikament.
Verklebte, geschwollene, tränende Augen	a) Reizung durch Staub, Einstreu oder Heupartikel, Verletzung der Hornhaut b) Infektion c) Backentaschenentzündung	Schauen Sie in das Auge, ob Sie einen Fremdkörper entdecken, kontrollieren Sie, ob der Hamster die Backentaschen entleeren kann. Gehen Sie zum Tierarzt, damit er das Auge fachgerecht behandeln und Ihnen gegebenenfalls Medikamente mitgeben kann.
Niesen, Nasenausfluss, tränende Augen, Atemgeräusche	Erkältungskrankheiten (vom leichten Schnupfen bis zur Lungenentzündung). Ausgelöst durch Zugluft, Gehege mit schlechter Belüftung, falsche Einrichtung in Form von Plastikröhren (fördert ein feucht-warmes Klima), zu einseitige Ernährung, mangelnde oder zu genaue Käfighygiene. Hamster können sich auch beim Menschen anstecken.	Mögliche Ursachen beseitigen. Gehen Sie mit dem Hamster zum Tierarzt, da sich eine einfache Erkältung schnell zur Lungenentzündung entwickeln kann. Wahrscheinlich wird er Ihrem Tier ein Antibiotikum verschreiben.
Kahle Stellen im Fell, häufiges Kratzen	Pilzbefall, Milben oder andere Parasiten. Evtl. auch Allergien.	Sowohl Pilz- als auch Parasitenbefall werden durch falsche Haltungsbedingungen begünstigt (Stress, feuchtes Käfigklima etc.). Schaffen Sie Abhilfe. Der Tierarzt wird das Tier untersuchen. Bei Pilzbefall wird ein Abstrich gemacht und der Hamster erhält ein Antimykotikum. Entdeckt er Parasiten, erhalten Sie ein Spot-on-Präparat (lassen Sie sich kein Mittel zum Baden geben). Zu Hause muss der komplette Käfig samt Inventar gereinigt werden.
Weicher breiiger Kot, verklebter Po	Durchfall. Ausgelöst durch Futterumstellung oder größere Mengen Frischfutter, Wurmbefall, Aufnahme von Plastik, giftigen Pflanzen oder Ähnliches, Stress	Nehmen Sie Saftfutter aus dem Gehege und reinigen Sie den Po des Hamsters mit einem feuchten Tuch. Lässt der Durchfall nicht innerhalb von 24 Stunden nach, sollten Sie zum Tierarzt, bei wässrigem starken Durchfall sofort! Nehmen Sie eine Kotprobe mit.
Bauch hart und gespannt; Hamster wirkt lustlos	Starke Gärung von unverträglichem Saftfutter. Bei weiblichen Hamstern Gebärmutterentzündung möglich.	Nehmen Sie Kontakt mit Ihrem Tierarzt auf.
Hamster ist apathisch, liegt auf der Seite, schnelle, flache Atmung	Hitzschlag. Hamster können nicht schwitzen. Bei hohen Temperaturen und/oder feuchtwarmem Klima kann es zur Überhitzung kommen. Betroffen sind meist alte, aber auch zu dicke Tiere.	Wickeln Sie den Hamster in ein feuchtes Tuch, halten Sie die Füßchen in kühles Wasser und flößen Sie ihm Flüssigkeit ein. Fahren Sie unverzüglich zum Tierarzt!

VERSORGEN | *alles Wissenswerte*

In vertrauter Umgebung Zu Hause und gut versorgt fühlt sich der Hamster am wohlsten. Urlaubsreisen sind für ihn keine Erholung.

GUT BETREUT IN *Urlaub & Alter*

HAMSTER UND URLAUB Hamster verlassen sich gern auf vertraute Situationen und Rituale; Neues und Ungewohntes verunsichert sie. Doch manchmal lässt sich ein bisschen Aufregung nicht vermeiden, etwa wenn Sie verreisen wollen. Hamster bleiben am liebsten, wo sie sind: in ihrer vertrauten Umgebung. Für kurze Zeit – ein Wochenende oder drei bis vier Tage – kann ein Hamster allein bleiben, wenn er ausreichend Futter und Wasser zur Verfügung hat. Wollen Sie länger verreisen, ist Ihr Hamster bei einem „Hamstersitter" am besten aufgehoben. Suchen Sie schon frühzeitig nach einer Person Ihres Vertrauens, der Sie erklären, worauf sie achten muss – hilfreich ist der Pflegeplan auf S. 44 –, und die sich dann während Ihrer Abwesenheit um den Hamster kümmert. Sehr praktisch ist es, wenn die Urlaubsbetreuung zu Ihnen nach Hause kommt, so bekommt der Hamster kaum etwas von Ihrem Urlaub mit. Notfalls kann der Hamster aber auch mitsamt Käfig und dem nötigen Zubehör zu seinem Pfleger umziehen.

Mit dem Hamster auf Reisen

Wenn es das Reiseziel zulässt, kann ein Hamster auch mit auf die Reise gehen: Sie sollten nicht zu lange unterwegs sein und brauchen ein ruhigen Platz, an dem Sie das Hamsterheim aufstellen können. Das Klima am Urlaubsort sollte ähnlich wie Zuhause sein, nicht heiß und stickig. Wenn Sie unsicher sind, fragen Sie Ihren Tierarzt. Nehmen Sie den Hamster mitsamt seiner Behausung mit. Achten Sie darauf, dass er unterwegs gut vor Kälte, Hitze und Zugluft geschützt ist. Und vergessen Sie nicht, alles Nötige für ihn einzupacken: Sein vertrautes Futter, um zusätzlichen Stress durch eine Futterumstellung zu vermeiden, Näpfe und Trinkflasche und auch frische Einstreu.

URLAUB Einen ausführlichen Pflegeplan für Ihren Hamstersitter finden Sie hier. Unter www.m.kosmos.de/13257/tb7 gibt es die gleichen Infos.

Wenn Hamster älter werden

Hamster haben eine recht kurze Lebenserwartung von zwei bis vier Jahren. Viele bleiben bis zu ihrem natürlichen Ende fit, andere zeigen dagegen schon mit eineinhalb bis zwei Jahren deutliche Alterserscheinungen.
Ältere Hamster schlafen mehr und länger, sie bewegen sich langsamer, fressen weniger und ihr Fell verliert seinen Glanz. Nehmen Sie Rücksicht auf Ihren Hamstersenior: Respektieren Sie, dass er nun mehr Ruhe braucht, und verwöhnen Sie ihn mit besonders vitaminreichem Futter.

Abschied

Alte Hamster sterben meistens ohne merkliche Leiden im Schlaf. Kindern – aber auch sich selbst – kann man sagen, dass dies zum Leben dazugehört, dass der Hamster aber keine Angst vor dem Sterben hat. Lassen Sie die Trauer zu und legen Sie vielleicht ein kleines Grab an, um von Ihrem lieb gewonnenen Hamster Abschied zu nehmen. ■

Frisches Grün als Anregung und Vitaminquelle brauchen und mögen Hamster in jedem Alter, auch als Senioren.

Wie im Flug Hamster haben ein recht kurzes Leben: Heute noch ein junger Kerl, morgen schon ein älteres Modell.

VERSORGEN | *alles Wissenswerte*

DIE SACHE MIT DEM *Nachwuchs*

FORTPFLANZUNG Wer einen einzelnen Hamster hält, muss normalerweise nicht mit Nachwuchs rechnen – es sei denn, man hat ein schon trächtiges Weibchen erwischt. Gezielte Zucht aber sollte man erfahrenen Züchtern überlassen. Viel zu schnell würde aus einer kleinen Hamsterfamilie eine ständig wachsende Sippe, für die nicht mehr genügend Platz vorhanden ist, denn nicht nur Männchen und Weibchen, sondern auch die Jungtiere brauchen getrennte Heime, bis sie groß genug sind und abgegeben werden können. Und womöglich wird man bald keine Abnehmer mehr finden.

Hamster werden sehr früh geschlechtsreif. Schon im Alter von vier bis fünf Wochen könnten Hamsterweibchen Mutter werden. Deshalb ist es auch so wichtig, Wurfgeschwister so früh wie möglich nach Geschlechtern zu trennen. Und darum sollten Sie auch beim Kauf unbedingt darauf achten, dass die Hamster in nach Geschlechtern getrennten Boxen gehalten werden.

Und wenn es doch passiert ...

Wird ein Hamsterweibchen trächtig, kommen 16 bis 18 Tage nach der Paarung die Jungen zur Welt. Meist sind es sechs bis acht Junge, es kommen aber auch Würfe mit nur vier oder gar bis zu 15 Jungen vor.

Zweisamkeit mögen und dulden Hamster nur zur Paarung; in der übrigen Zeit vertragen sie sich nicht.

Im Nest liegen meist sechs bis acht winzige Jungtiere, die von der Hamstermutter umsorgt und gesäugt werden.

Die Hamsterkinder krabbeln nach zwei Wochen schon herum und werden von der Mutter zurück ins Nest getragen.

Die Kleinen werden bereits mit 30-35 Tagen geschlechtsreif und müssen dann nach Geschlechtern getrennt werden.

Wenn man bedenkt, dass ein Hamsterweibchen fünf bis acht Würfe im Jahr haben kann, ist schnell ausgerechnet, wohin eine unkontrollierte Zucht führen würde.

Nackt, blind und ganz schön winzig

Hamsterbabys kommen ohne Fell und mit geschlossenen Augen zur Welt. Sie sind bei der Geburt nur zwei bis höchstens vier Zentimeter groß und wiegen gerade mal zwei Gramm. In den ersten zehn Lebenstagen sind sie voll und ganz auf den Versorgungsinstinkt ihrer Mutter angewiesen, die sie säugt, wärmt und sauber hält. Mit etwa zwei Wochen werden die Kleinen dann zunehmend aktiver: Ihre Augen sind geöffnet, das Fell ist gewachsen, sie krabbeln überall herum und probieren auch schon das feste Futter wie Obst, Gemüse und Trockenfutter. Dennoch trinken die Kleinen bis zum Alter von etwa drei Wochen gelegentlich bei der Mutter.

Der kleine Unterschied

Damit die kleinen Hamsterweibchen nicht sofort selbst trächtig werden, trennt man die Geschwister rechtzeitig nach Geschlechtern – am besten schon nach drei Wochen. Dazu muss man genau hinschauen, um die Jungs von den Mädels zu unterscheiden. Der kleine Unterschied ist auf Seite 19 beschrieben.

DAS HAMSTERKINDER-TAGEBUCH

5 – 6 Tage	Das Fell beginnt zu wachsen. Die Kleinen knabbern schon am Futter, das die Mutter ihnen vorlegt.
7 Tage	Die Babys wiegen acht bis zehn Gramm.
12 Tage	Nun verlassen die Kleinen krabbelnd das Nest, oft noch mit halb geschlossenen Augen.
14 Tage	Die Hamsterjungen wiegen 12 bis 15 Gramm, fangen an sich selbst zu putzen und benutzen das „Gemeinschaftsklo".
Ab 15 Tage	Nun werden die kleinen Hamster von Tag zu Tag aktiver. Sie toben umher, purzeln übereinander und balgen sich um allerlei Leckereien. Angstfiepen und spielerische Demutsgesten werden geübt.
2 – 3 Wochen	So lange werden sie gesäugt, knabbern aber zwischendurch schon von allem, was die Mutter anschleppt.
22 Tage	Die Jungen sollten jetzt schon nach Geschlechtern getrennt werden, wenn die Mutter nicht mehr säugt und die Kleinen auch sonst schon einen recht selbstständigen Eindruck machen.
30 – 35 Tage	Die Hamsterkinder wiegen jetzt 40 Gramm und könnten sogar schon trächtig werden. Die Familie löst sich auf.
Ab 4 Wochen	Die Jungen sind alt genug, um an neue Besitzer abgegeben zu werden.
6 Monate	Nun sind die Hamster ausgewachsen, Weibchen wiegen 160 – 180 Gramm, Männchen 140 – 160 Gramm.

Hamsterverhalten
VERSTEHEN

VERSTEHEN | alles im Überblick

VERSTEHEN & BESCHÄFTIGEN

S. 60

S. 64

12 TYPISCHE VERHALTENSWEISEN WERDEN IM DOLMETSCHER GEZEIGT

Mit allen Sinnen

Riechen Der Geruchssinn ist der wichtigste Sinn eines Hamsters. Mit ihm orientiert er sich, findet sein Futter und „liest" Duftinformationen anderer Hamster.

Hören Hamster hören sogar im Ultraschallbereich, Lärm mögen sie gar nicht. Die weichen Ohrmuscheln funktionieren wie Schalltrichter.

Sehen Hamster sind kurzsichtig, haben aber einen guten Rundum-Blick und nehmen Bewegungen genau wahr.

Fühlen Die feinen Tasthaare auf der Oberlippe und um die Augen herum reagieren auf leichteste Berührungen. Mit ihrer Hilfe kann sich ein Hamster auch noch in völliger Dunkelheit orientieren.

Schmecken Hamster sind Feinschmecker und entwickeln Vorlieben und Abneigungen beim Futter.

S. 68

S. 74

Auf zum Freilauf

Wenn die Möglichkeit besteht, bieten Sie Ihrem Hamster regelmäßig Freilauf in einem hamstersicheren Zimmer. Beseitigen Sie vorher alle Gefahrenstellen wie Kabel und Zimmerpflanzen; schließen Sie alle Türen, Schränke, Schubladen und behalten Sie den Hamster immer im Auge.

Das macht fit

Bringen Sie Ihren Hamster regelmäßig in Bewegung. Nur so bleibt er gesund und fit! Ziehen Sie in den Käfig eine zweite oder dritte Ebene ein, die mit Leitern oder Rampen verbunden werden. Animieren Sie Ihren Hamster durch verstecktes Futter dazu, sich auf der Suche danach im Käfig zu bewegen.
Legen Sie einen Abenteuerspielplatz an, auf dem er sich austoben kann. Und mit einem Laufrad im Käfig kann sich Ihr Hamster Bewegung verschaffen, wenn einmal wenig Zeit für Freilauf auf dem Hamsterspielplatz bleibt.

S. 70

Spielmaterial

Wählen Sie ungiftige Materialien, die Ihr Hamster bedenkenlos benagen kann. Geeignet sind:

- ☒ Häuschen und „Nagermöbel" aus unbehandeltem Holz
- ☒ Röhren aus Kork, Rinde oder Holz
- ☒ Kobel aus geflochtenem Stroh oder Heu
- ❏ Körbe aus unbehandelten Weiden
- ❏ unbedruckte Pappen und Kartons

VERSTEHEN | *alles Wissenswerte*

Typisch HAMSTER

IMMER DER NASE NACH Einer sensiblen, stets aktiven Hamsternase bleibt nichts verborgen. Der Geruchssinn ist der am besten entwickelte Sinn eines Hamsters. Mit seiner Hilfe orientiert er sich, findet Nahrung und einen Partner. Hoch aufgerichtet, saugt er mit seinem feinen Näschen die Luft ein, dreht sich in Richtung der Geruchsquelle und versucht, so viele Informationen wie möglich zu erschnüffeln. Auf fremde Gerüche – egal ob Eindringling im Revier oder Bratendüfte aus der Küche – reagieren Hamster oft mit deutlichem Unbehagen, was vom sich Verdrücken über Aggressivität bis hin zum Beißen reichen kann.

Am Geruch erkannt

Begegnen sich zwei Artgenossen, beschnüffeln sie sich ausgiebig, beginnend am Hinterteil oder an den Flanken. So verschaffen sie sich einen genauen Eindruck vom anderen, was natürlich besonders vor der Paarung wichtig ist.
Und auch über Sie, seinen vertrauten Pfleger, macht er sich ein ganz genaues Duftbild. Vielleicht haben Sie schon einmal bemerkt, dass er auf frisch gewaschene Hände ganz anders reagiert als auf Hände, die vorher sein Futter zubereitet haben.

Riechen ist für Hamster der wichtigste Sinn. Sie richten sich auf, um Düfte noch besser wahrnehmen zu können.

Untereinander erkennen die Hamster sich am Geruch und stellen fest, ob der andere in Fortpflanzungsstimmung ist.

Duftmarken

Tiere, die sich wie Hamster stark an Düften orientieren, setzen auch selbst Duftmarken ein. Mit Hilfe von Kot, Urin und dem Sekret der Flankendrüsen (siehe S. 11) markiert der Hamster sein Revier und verteilt seine Duftinformationen für andere. So braucht man sich gar nicht treffen und tauscht dennoch Informationen aus. Weibchen sondern mit dem Einsetzen der Brunft einen ganz besonderen Duft ab, der – vom Winde verweht – ein richtiges Wettrennen unter den Hamstermännchen auslöst. Jeder will als Erster bei der paarungsbereiten Hamsterdame sein.

Ohren auf

Seine empfindlichen Ohren sind das Orientierungssystem Nummer zwei für einen Hamster. Leiseste Töne bis in den Ultraschallbereich hinein kann der Hamster wahrnehmen. Seine relativ großen Ohren sind in wachem Zustand wie kleine Schalltrichter aufgestellt und nach vorn gerichtet. Schläft er, sind die Ohrmuscheln eng an den Kopf gefaltet. Es versteht sich von selbst, dass ein Wesen mit so feinem Gehör die leisen Töne bevorzugt.

Hochsensible Tasthaare

Hamster besitzen auf und neben der Oberlippe sowie über den Augen empfindliche Tast- beziehungsweise Sinneshaare, die auf die leichtesten Berührungen reagieren. Sie dienen der Orientierung und zur Wahrnehmung der Lage des Körpers im Raum, um sich z. B. auch im Zwielicht und bei Dunkelheit zurechtzufinden und nicht anzuecken. Zupfen oder schneiden Sie bitte nie an diesen Haaren!

Haben Hamster den vollen Durchblick?

Wer mit einer so empfindlichen Nase, scharfen Ohren und sensiblen Tasthaaren ausgestattet ist und zudem meistens im Dämmerlicht und in der Dunkelheit unterwegs ist, braucht keine allzu guten Augen. Hamster können mit ihren runden Knopfäuglein nicht sehr scharf sehen. Dafür haben sie fast einen Rundumblick und nehmen Bewegungen sehr gut wahr. Das reicht, um Gefahren auszumachen und sich rechtzeitig in Sicherheit zu bringen.

Lichtempfindlich

Hamster können als nachtaktive Lebewesen bei großer Helligkeit die Pupillen nicht verengen. Helles Licht blendet sie. Deshalb sollten Sie Ihren Hamster möglichst in einem Zimmer mit etwas gedämpftem Licht halten.

Die Tasthaare helfen bei der Orientierung im Dunkeln. Wo sie durchpassen, passt auch der ganze Hamster durch.

VERSTEHEN | *alles Wissenswerte*

HAMSTER-*Sprache*

HAMSTER SIND EINZELGÄNGER und kommunizieren daher nicht so viel wie z. B. Meerschweinchen oder Kaninchen, die in Gruppen leben und sich untereinander verständigen müssen. Aber auch Hamster können sich verständlich machen. Die meisten Lautäußerungen sind zu hören, wenn der Hamster aggressiv ist oder sich bedroht fühlt. Wenn Sie ihn genau beobachten, können Sie aus seinem Verhalten und der Körperhaltung schließen, wie er sich fühlt und was er vorhat.

WENN DER HAMSTER BEISST
Wenn Sie genau auf Ihren Hamster „hören" und seine Bedürfnisse respektieren, sollte es kaum passieren, dass er richtig zubeißt. Geschieht es doch einmal, sollten Sie die Zähne zusammenbeißen und nicht versuchen, den Hamster abzuschütteln – auch wenn es schwerfällt. Der Hamster lässt von allein wieder los – allerdings selten ohne blutende Spuren für Sie. Desinfizieren Sie die Wunde und gehen Sie zum Arzt, falls die Bissstelle anschwillt.

Zähneknirschen bedeutet eine Drohung an das Gegenüber und signalisiert deutlich Angriffsbereitschaft.

Boxkampf Ungesellig, wie Hamster sind, fliegen die Fetzen, wenn man zwei Tiere zusammenbringen würde.

Auf dem Bauch Hamster, die unsicher sind und ihre Umgebung neu erkunden, kriechen ganz flach durch den Käfig.

Lautsprache

KNURREN Ein mürrischer Hamster, den man vielleicht gerade aus dem Schlaf gerissen hat, knurrt unwillig.

FAUCHEN Fühlt sich ein Hamster bedroht, fängt er an, wie eine Katze zu fauchen, um den vermeintlichen Gegner einzuschüchtern.

ZÄHNEKNIRSCHEN UND -KLAPPERN Damit signalisiert der Hamster seine Angriffsbereitschaft, er warnt seinen Gegner und droht ihm.

QUIEKEN UND FIEPEN Hamsterbabys quieken und fiepen, wenn sie sich bemerkbar machen wollen, weil sie hungrig sind oder frieren. Die Hamstermutter wird dann zu ihnen eilen. Ältere Hamster quieken oder fiepen aus Angst oder Schmerz.

SCHREIEN UND KREISCHEN In Situationen von Angst oder bei Schmerzen schreit oder kreischt ein Hamster. Manche schreien oft und schon bei jeder Kleinigkeit, von anderen Tieren hört man es gar nicht.

Verhalten & Körpersprache

MÄNNCHEN MACHEN Stellt sich der Hamster auf die Hinterbeine, will er seine Umgebung genauer erkunden. Dabei setzt er eher seine Nase als seine Augen ein.

PFOTE HEBEN Das heißt bei einem Hamster immer „Achtung!" und ist als Warnung und Abwehrgeste zu verstehen.

BACKEN AUFBLASEN Der Hamster stellt sich auf die Hinterbeine und bläst die Backen auf. Jetzt ist er richtig wütend und wird gleich angreifen.

AUF DEN RÜCKEN Um einen Gegner abzuwehren und sich zu unterwerfen, wirft sich der Hamster auf den Rücken. Im größten Schreck bleibt er unbeweglich auf dem Rücken liegen und fällt in eine sogenannte Schreckstarre.

FLACH KRIECHEN Der Hamster legt die Ohren an und kriecht flach auf dem Bauch vorwärts. Er hat Angst und ist unsicher. So versucht er, sich „unsichtbar" zu machen und ein Versteck zu finden.

VERSTEHEN   *alle Extras*

DER HEIMTIER-DOLMETSCHER
Hamster verstehen

❶ Ausschau? Von wegen!
Wenn sich ein Hamster aufrichtet, will er sich damit keineswegs einen besseren Überblick verschaffen. Sehen können Hamster nämlich nicht besonders gut. Dafür umso besser riechen. Und wenn sie sich auf die Hinterbeine stellen, bekommen sie einfach mehr in die Nase.

❷ Ganz schön dufte
Für einen Hamster ist es ganz wichtig, sein Revier zu markieren. Das tut er nicht nur mit Kot und Urin, sondern auch mit dem Sekret einer Duftdrüse, die sich an seinen Flanken befindet. Mit den Pfoten kratzt er über diese Stelle, um die Drüse dazu anzuregen, den Duftstoff abzugeben, dann wird markiert.

Hamsterbacken ❸

An beiden Seiten des Kopfes hat der Hamster geräumige Hautsäcke, die sprichwörtlichen „Hamsterbacken". Was er an Nahrung findet, stopft er in kürzester Zeit hinein, um seine Schätze in Sicherheit zu bringen. Hamstermütter können sogar ihre neugeborenen Babys darin tragen. Mit aufgeblasenen Backen droht er.

Ohren auf und Ohren zu ❹

Hamster haben faltbare Ohren. Wenn sie schlafen, falten sie die Ohrmuscheln zusammen und schotten sich so von der Außenwelt ab – „Hamster-Ohropax". Sind sie wach, entfalten sie die Ohrmuscheln wieder und haben dann kleine Schalltrichter, mit denen sie sogar Laute im Ultraschallbereich einfangen können.

Zeig her deine Pfötchen ❺

Mit seinen Pfötchen kann ein Hamster sehr geschickt greifen. Wer genau hinschaut, bemerkt, dass Hamster an den Vorderpfoten nur vier Finger haben – der Daumen ist zurückgebildet –, an den Hinterbeinen sind es dagegen fünf Zehen.

VERSTEHEN | *alle Extras*

… HIER GEHT'S WEITER:

Schlafmütze ❶
Vielleicht scheint es Ihnen so, als würde Ihr Hamster nur schlafen. Tagsüber stimmt das meist auch. Hamster sind dämmerungs- und nachtaktiv und kommen erst zum Vorschein, wenn andere schon wieder ins Bett gehen.

Einzelgänger ❷
Hamster mögen keine Gesellschaft, sie sind typische Einzelgänger. Nur zur Paarung treffen sich Männchen und Weibchen. Laufen sie sich sonst über den Weg, kann es zwischen den beiden zu richtigen Prügeleien kommen.

Klettermaxe ❸
Hamster haben kräftige Gliedmaßen und können sehr gut klettern. Das geht so weit, dass Hamster geschickt an den Gitterstäben ihres Käfigs hochklettern und dann kopfüber von der Decke hängen können.

Leibspeise ④

Hamster können richtige kleine Feinschmecker sein und freuen sich über Abwechslung. Neben Körnerfutter, frischem Grün, Obst und Gemüse können Sie Ihren Hamster gelegentlich mit Leckerbissen wie Mehlwürmern oder Garnelen, einigen Trockenfrüchten, ein paar Körnchen Hüttenkäse oder einem Teelöffel Quark verwöhnen.

Wilde Wühler ⑤

Hamster gehören biologisch gesehen zur Unterfamilie der Wühler: Sie buddeln für ihr Leben gern. Wild lebende Hamster legen weitläufige unterirdische Baue an. Heimtier-Hamster mögen es, regelmäßig in ihrer Einstreu oder einer Schale Sand zu graben.

Hamster hamstern ⑥

Hamster haben die Angewohnheit, in ihrem Bau einen Futtervorrat anzulegen für schlechte Zeiten. Auch Heimtier-Hamster tun das, und so findet man oft den Inhalt des Napfes fast komplett im Schlafhäuschen wieder.

VERSTEHEN | *alles Wissenswerte*

BESCHÄFTIGUNGSIDEEN FÜR *Langstreckenläufer*

IMMER UNTERWEGS Ein Hamster bewegt sich viel und gern! Oft bekommen Sie das nicht mit, weil er es überwiegend nachts tut. Wild lebende Hamster legen in einer einzigen Nacht oft bis zu vier Kilometer zurück. Soll auch Ihr Hamster fit und gesund bleiben, regen Sie ihn zu viel Bewegung an. Und zwar so:

Freilauf ohne Gefahren

Für einen Hamster ist es zu gefährlich, frei in der Wohnung herumzulaufen. Andererseits macht es ihm Spaß, und es hält ihn fit, sich regelmäßig zu bewegen. Wenn Sie die Möglichkeit haben, dann schaffen Sie ein hamstersicheres Freilaufzimmer. Dabei gilt es Folgendes zu beachten:

- Das Zimmer soll warm und zugfrei sein.
- Rutschige Böden werden mit Strohmatten oder Decken abgedeckt, ebenso Teppiche mit großen Schlingen, in denen der Hamster mit seinen Pfötchen hängen bleiben könnte.
- Stromkabel sind unerreichbar für den Hamster hochgelegt oder durch PVC-Hüllen geschützt.

1. Blumentöpfe und Blumenerde ziehen Hamster magisch an.

2. Denn in den Töpfen können sie ihren Buddeltrieb ausleben.

3. Bieten Sie Buddelalternativen, denn viele Pflanzen sind giftig.

Turnen und Klettern ist auch beim Freilauf beliebt. Bieten Sie immer wieder andere Geräte und Spielzeuge an.

- Alle dunklen Öffnungen (Schränke, Schubladen, enge Zwischenräume) sind hamstersicher verschlossen.
- Aquarium und Zimmerbrunnen unerreichbar machen – in ihnen würde ein Hamster sofort ertrinken.
- Vasen, Eimer, Kübel, Gießkannen etc. wegräumen, sie stellen für einen Hamster tödliche Fallen dar.
- Zimmerpflanzen wegstellen – der Hamster wühlt sonst in der Erde oder knabbert an evtl. giftigen Pflanzen.
- Vorsicht: Bevor Sie sich setzen, immer nachschauen, ob der Hamster nicht gerade unter einem Polster hockt.
- Alle Fenster und Türen schließen, damit der Hamster nicht entwischen kann.
- Den Hamster beim Freilauf immer im Auge behalten.

GIFTIGE ZIMMERPFLANZEN Eine Liste mit Pflanzen, die füt Ihren Hamster giftig sind, finden Sie hier. Unter www.m.kosmos.de/13257/t8 erhalten Sie diese Informationen auch.

Zurück in den Käfig

Ist der Freilauf beendet, stellt sich die Frage: Wie kommt der Hamster zurück in seinen Käfig? Wenn er nicht absolut handzahm ist und sich nicht einfach fangen lässt, hilft dieser Trick: Stellen Sie den Käfig auf den Boden. Lehnen Sie ein etwa 20 cm breites Brett als Rampe an den Ausstieg. Nun brauchen Sie nur noch zu warten: Früher oder später treiben ihn Hunger oder Müdigkeit zurück in sein vertrautes Heim.

Die Hamsterecke

Wenn Sie nicht ein ganzes Zimmer hamstersicher machen können, können Sie eine Zimmerecke dafür verwenden, die Sie mit 30 cm hohen Brettern abtrennen. Wenn Sie möchten, können Sie auch seinen Käfig hineinstellen und dem Hamster die Möglichkeit geben, selbst nach Herzenslust rein und raus zu gehen. Im Auslauf können Sie Verstecke, Klettermöglichkeiten, Knabbersachen, ein Laufrad etc. aufstellen.

Wo ist der Ausreißer?

Auch wenn Sie noch so sehr aufpassen, früher oder später ist Ihr Hamster doch einmal ausgebüxt. Was dann? Stellen Sie in alle Räume, in denen Sie ihn vermuten, einen flachen Karton mit abgezählten Futterstückchen und Nistmaterial. Nun schließen Sie alle Türen und warten bis zum nächsten Morgen. Anhand des abgezählten Futters wissen Sie nun, in welchem Raum er sich befindet. Und mit etwas Glück liegt er wohlig eingekuschelt im Karton und schläft. Mit etwas weniger Glück müssen Sie sich in der nächsten Nacht auf die Lauer legen und fangen ihn ein, wenn er wieder vom Futter nascht.

VERSTEHEN | *alles Wissenswerte*

Spielplatz FÜR DEN HAMSTER

ABWECHSLUNG Sicherer und viel interessanter als einfach „nur" Freilauf ist ein Abenteuerspielplatz für den Hamster. Hier kann er sich austoben, und mit den unterschiedlichsten Spielgeräten gibt es immer wieder Neues zu entdecken.

Der Abenteuerspielplatz

Ein Hamsterspielplatz sollte so groß wie möglich sein. Eine sicher abgetrennte Zimmerecke wäre dafür ideal. Sie wird mit rutschsicheren Strohmatten ausgelegt. Sie können aber auch die Unterschale eines großen Kaninchenheims oder einfach einen großen flachen Karton nehmen. Sie können ihn mit der üblichen Einstreu, aber auch mit einer Mischung aus Heideboden, Waldboden, Hanfstreu, trockenen Blättern, Sand etc. füllen, in der man herrlich buddeln kann.

Geeignetes Zubehör

Alles, was für Abwechslung und Bewegung sorgt und dem Hamster nicht schaden kann, ist als Spielgerät erlaubt:
- Röhren mit unterschiedlichem Durchmesser aus Ton, Holz, Korkrinde, unbedruckter Pappe oder nagefestem Kunststoff
- verschieden große Schachteln und Kartons, in die Sie Schlupflöcher schneiden
- geflochtene Kobel aus Naturfasern
- Turn- und Klettergeräte aus Holz
- Wurzelholz – gibt es als Aquarienzubehör
- eine Buddel- und Badeschale mit reichlich Chinchillasand
- Weidenbrücken
- dicke Seile aus Naturfasern
- große Natursteine und saubere Ziegelsteine
- Äste und Zweige

Badespaß im Sandbad Füllen Sie Chinchillasand aus dem Zoofachgeschäft in eine große Schale mit hohem Rand.

Fantasie ist gefragt

Nun können Sie den Abenteuerspielplatz auf- und auch immer wieder umbauen. Kombinieren Sie die einzelnen Spielgeräte immer wieder neu: Verbinden Sie z. B. mehrere kleine Schachteln mit leeren Klo- oder Küchenpapierrollen zu einem richtigen Tunnelsystem. Spannen Sie ein dickes Hanfseil zwischen zwei Klettergeräte. Legen Sie eine Weidenbrücke über zwei flache Steine. Nun geht es obendrüber und untendurch. Und nicht vergessen: Auf dem Spielplatz sollte es auch immer eine Rückzugsmöglichkeit sowie eine Schale mit etwas Futter für Ihren Hamster geben.

Ein Garten für den Hamster

Eine weitere schöne Idee ist ein kleiner Garten für den Hamster. Dafür füllen Sie eine flache Pflanzschale mit Erde. Nun säen Sie Gras- und Kräutersamen aus. Alles wird gut angegossen und immer feucht gehalten. Schon nach wenigen Tagen erscheinen die ersten grünen Spitzen, die Pflänzchen beginnen zu wachsen und sind nach zwei bis vier Wochen so groß, dass Ihr Hamster seinen ersten Ausflug in seinen eigenen Garten unternehmen kann.
Stellen Sie die nun bewachsene Schale je nach Größe in den Käfig, auf den Hamsterspielplatz oder ins Freilaufzimmer. Und nun beobachten Sie, wie der Hamster mit allen Sinnen seinen kleinen Dschungel erforscht. ■

TIPP: NOCH MEHR ABWECHSLUNG
Kombinieren Sie die verschiedenen Spielgeräte auf dem Abenteuerspielplatz mit den Fitness-Food-Ideen von Seite 42 – so ergibt sich eine Vielzahl von immer wieder neuen Entdeckungsmöglichkeiten für Ihren Hamster.

SPIELPLÄTZE
1. Katzengras   Knabbern und Klettern
2. Papprollen   Durchkriechen und Nagen
3. Korkröhren   Reinkrabbeln und Verstecken

VERSORGEN | *alle Extras*

Eine Strohhütte
FÜR DEINEN HAMSTER

Die Hütte ist zum Knabbern, Klettern und Verstecken.

Du brauchst
- Stroh mit langen Halmen, gern mit Ähren
- Baumwollfaden oder Bast
- eine Schere

❶ Halme zusammenbinden

Nimm ein Bündel Stroh, umwickle das obere Drittel fest mit Bast oder Baumwollfaden und knote es ordentlich zusammen. Leichter geht es, wenn du das Stroh hältst und ein Freund oder eine Freundin das Ganze zusammenbindet.

❷ Ordentlich geschnitten

Am unteren Ende werden nun alle Halme auf die gleiche Länge abgeschnitten, damit die Hütte gut stehen kann.

FÜR KIDS

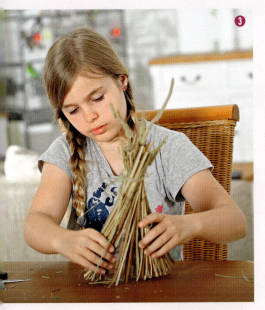

Aufstellen ❸

Als Nächstes biegst du das untere Ende fächerförmig auseinander, damit eine Art Indianerzelt entsteht. An einer Seite schiebst du noch mehr Halme zur Seite, damit dein Hamster auch einen Eingang hat.

Und los geht's! ❹

Nun kannst du die Strohhütte in deinem Abenteuerspielplatz aufstellen. Was macht der Hamster? Geht er hinein? Versucht er, die Ähren zu angeln und die Körner zu fressen? Wenn er die Hütte entdeckt hat, wird sie wahrscheinlich nicht lang halten. Doch das macht nichts, du kannst ihm ja schnell eine neue bauen.

Baumhaus

Anstelle der Strohhalme kannst du auch frische Obstbaum- oder Haselzweige nehmen. Mit Knospen oder Blättern bieten auch sie einen großen Knabberspaß.

VERSTEHEN | *alles Wissenswerte*

Gehirn-Jogging FÜR SCHLAUE HAMSTER

ANREGEND Ein wild lebender Hamster ist viel auf Achse und muss dabei nicht nur seinen Körper, sondern auch sein Köpfchen ganz schön anstrengen. Deshalb halten geistige Herausforderungen auch unseren Hamster fit.

Der Futterpfiff

Ihr Hamster hört sehr gut und kann verschiedene Geräusche nicht nur unterscheiden, sondern ihnen auch eine Bedeutung zuordnen. Sehr schnell wird er Folgendes lernen: Geben Sie ihm einen ganz besonderen Leckerbissen – einen Mehlwurm oder eine süße Rosine – immer mit einem leisen Pfiff verbunden.

Schon nach kurzer Zeit weiß er, dass es bei diesem Pfiff immer etwas Leckeres für ihn gibt, und Ausschau danach halten. Wie reagiert er, wenn Sie ihm dann nicht gleich seinen Leckerbissen zeigen?

GANZ SCHÖN SCHLAU
Oft ist ein Hamster schon auf einen „Futterton" trainiert, ohne dass man sich dessen bewusst ist. Er reagiert dann auf das leise Rascheln der Futterpackung oder auf das Öffnen der Käfigtür und kommt schon hungrig angelaufen, bevor er das Futter überhaupt gesehen hat.

Wer knackt die Nuss? Walnüsse sind eine besondere Herausforderung für die scharfen Nagezähne Ihres Hamsters.

Pappröhren Hamster lieben Tunnel aller Art, bsonders, wenn Sie darin Obst- oder Gemüsestückchen versteckt haben.

Ein leckeres Obstmenü Nimmt Ihr Hamster sich das erstbeste Stück oder sucht er sich sein Lieblingsobst aus?

Kleiner Ausbrecher

Weiß Ihr Hamster sich selbst zu helfen? Das testen Sie so: Nehmen Sie eine kleine Schachtel, in der der Hamster aber gut Platz hat. Nun schneiden Sie ein kleines Loch hinein – so klein, dass der Hamster nicht hindurchpasst. Jetzt setzen Sie ihn hinein, schließen die Schachtel und lassen ihn machen: Wie lange dauert es, bis er das Loch so groß genagt hat, dass er hindurchpasst? Für diese Leistung gibt es natürlich eine Belohnung!

Nasendetektiv

Für Tiere, die eigentlich fast nur im Dunkeln unterwegs sind, ist die Nase zur Orientierung viel wichtiger als die Augen. Lassen Sie Ihren Hamster einmal Nasendetektiv spielen: Sie benötigen dafür zwei kleine leichte Pappschachteln. Unter der einen verstecken Sie einen seiner Lieblingsleckerbissen, unter der anderen nichts. Sicher wird er schnell erschnuppert haben, unter welcher Schachtel sich die Belohnung befindet. Und während er die leere Schachtel sicher links liegen lässt, wird er alles daran setzen, an den Leckerbissen unter der anderen zu gelangen. Statt der Pappschachteln können Sie natürlich auch Ihre Hände einsetzen. Lassen Sie Ihren Hamster erschnüffeln, in welcher Hand sein Lieblingsfutter versteckt ist.

Variation für Superschnüffler

Wie gut ist die Nase Ihres Hamsters tatsächlich? Kann er unterschiedliches Futter am Geruch erkennen? Nehmen Sie wieder die beiden kleinen Schachteln. Dieses Mal kommt unter die eine der Lieblingsleckerbissen, unter die andere ein Stückchen Futter, das er zwar kennt, das aber auf der Beliebtheitsskala deutlich weiter hinten liegt. Und was passiert jetzt? Entscheidet sich Ihr Hamster gezielt für den besseren Happen?

Eine Landkarte im Kopf

Ein Hamster hat eine ganz gute Vorstellung von seiner Umgebung. Er läuft nicht ziellos hin und her, sondern sucht bestimmte Plätze gezielt auf. Wenn Sie Ihrem Hamster immer an der gleichen Stelle im Käfig oder auf seinem Abenteuerspielplatz das leckerste Futter anbieten, wird er bald zielsicher erst einmal dort hinlaufen, um nachzusehen, ob es wieder etwas zu holen gibt. ■

Zum Weiterlesen

Busch, Marlies: **Taschenatlas Pflanzen für Heimtiere, gut oder giftig?** Ulmer 2009

Fritzsche, Peter: **Mein Hamster.** GU 2007

Spohn, Roland und Margot und Dietmar Aichele: **Was blüht denn da?** – Das Original. Kosmos 2008

Toll, Claudia: **Mein Hamster.** Kosmos 2008

Wilde, Christine: **Ihr Hobby: Zwerghamster.** Ulmer 2009

Zum Weiterclicken

Hamster-Infos

www.nager-info.de
Sehr ausführliche, kompetente und umfassende Homepage rund um Hamster und Zwerghamster mit allem, was dazu gehört. Christine Wilde lässt kaum eine Frage unbeantwortet.

www.hamsterinfo.de
Informative Site mit vielen Infos und Hintergründen rund um den Hamster.

www.hamster-wissen.de
Website mit vielen Infos rund um Hamster. Mit schönen Selbstbauideen.

hamster.nagetiere-online.de
Sehr ausführliche Homepage über Hamster inclusive Anschaffung, Fütterung, Verhalten etc.

www.das-hamsterforum.de
In diesem Forum kann man sich kompetent rund um den Hamster austauschen.

Hamster gesucht?

Hier finden Sie Vereine und Organisationen, die Hamster aufnehmen und in liebevolle Hände weitervermitteln. Falls Sie noch einen Hamster suchen oder Hilfe bzw. Tipps brauchen, werden Sie hier fündig:

www.hamsterhilfe-nrw.de
www.hamsterhilfe-nord.de
www.hamsterhilfe-suedwest.net
www.hamster-in-not.de

SERVICE

Selbst gemacht

www.tierische-eigenheime.de.tl/
Wunderschöne Eigenbauten für alle Lebenslagen. Hier finden Sie Anregungen zu selbstgebauten Terrarien und Regalheimen.

Gekauftes

www.trixie.de
Hier finden Sie Gehege und anderes Zubehör für Ihren Hamster.

www.hamster-wohnwelt.de
Auf dieser Seite finden Sie wunderschöne Hamsterhäuser, Buddelecken, Rampen und alles, was das Hamsterherz begehrt. Hier können Sie individuell angefertigte Lösungen für Ihr Hamsterheim bestellen, sowohl einzelne Häuschen als auch eine maßgeschneiderte komplette Inneneinrichtung.

www.hasenhaus-im-odenwald.de
Hier gibt es Kräuter, Blätter, Blüten sowie Zubehör und vieles mehr für Ihren Hamster.

Die Autorin

Angela Beck arbeitet seit über 20 Jahren als Redakteurin im Heimtierprogramm des Kosmos-Verlages. Ihr Mann Peter Beck war Berater in der Zoofachbranche und hat über viele Jahre Hamster gehalten. Gemeinsam geben sie ihr Wissen und ihre Erfahrung in diesem Buch weiter.
Sie können sich mit Ihren Fragen an Angela Beck wenden. Mailen Sie an die „KOSMOS-Infoline". heimtier-infoline@kosmos.de

Danke

Ein herzliches Dankeschön geht an alle Hamsterbesitzer, die ihre Tiere für das Fotoshooting zur Verfügung gestellt haben. Ebenfalls bedanken wir uns bei der Firma Trixie, die uns bei der Ausstattung der Fotos großzügig mit ihren Produkten unterstützt hat. Andrea Probst von www.hamster-wohnwelt.de hat Fotos von tollen Hamsterheimen zur Verfügung gestellt und stand uns mit Rat zur Seite, ihr sei dafür gedankt. Ebenso ein dickes Dankeschön an alle Hamster. Ohne die Mithilfe aller Beteiligten vor und hinter den Kulissen wäre das Buch nicht so schön geworden.

Register

A
Abgabealter 16
Alterserscheinungen 53

B
Backentaschen 11
Beschäftigungsideen 68 ff.
Bewegungsdrang 23

C
Campbells Zwerghamster 13
Chinesischer Streifenhamster 12
Cricetarium 21

D
Dsungarischer Zwerghamster 13
Duftmarken 61

E
Einstiegsalter 14
Einstreu 21
Einzelgänger 10
Ernährung 32 ff.

F
Feldhamster 8
Fitness-Food 42 f.
Flankendrüsen 11
Fortpflanzung 54 f.
Freilauf 68 f.
Futtermenge 33
Futternapf 23
Futterumstellung 35

G
Gebiss 10
Gehirn-Jogging 74 f.
Gemüse 34 f.
Geschlecht 19
Geschlechtsreife 54
Gesundheits-Check 17, 48
Gewicht 9
Goldhamster 8 f.
Grundausstattung 22 f.
Grünfutter 38 f.

H
Hamster versorgen 29 ff.
Hamsterbabys 55
Hamsterbacken 11
Hamsterheim 20 f.
Hamsterkauf 16 f.
Hamsterspielplatz 70 f.
Hamstersprache 62 f.
Hamsterterrarium 13, 21
Hamsterverhalten verstehen 57 ff.
Herkunft 8 f.
Heu 33

K
Käfigputz 44 f.
Körnerfutter 32
Körperlänge 9
Körperpflege 46 f.
Körpersprache 63

Krankenpflege 49
Krankheiten 50 f.
Kräuter 39

L
Langhaarhamster 47
Laufrad 23
Lebenserwartung 9

N
Nachwuchs 54 f.
Nagezähne 10
Nippeltränke 23, 33

P
Pflegeplan 30 f.

R
Roborowski-Zwerghamster 13

S
Sandbad 47
Schlafhäuschen 22
Sinne 60 ff.
Strohhütte bauen 72

T
Tierarzt 48 f.
Tierisches Eiweiß 40
Toilettenecke 23
Transport 18 f.

U
Urlaub 52 f.

W
Wasser 33

Z
Zwerghamster 12

IMPRESSUM

Bildnachweis

98 Farbfotos wurden von Tierfotoarchiv-Drewka/Kosmos für dieses Buch aufgenommen. Weitere Farbfotos von Tierfotoarchiv-Drewka (15; S. 12 u., 15, 32 alle 3, 33, 41 o., 59 u. r. und 59 u., 63, 66 o. l., 67 o. r., 68 alle 3), Oliver Giel (10; S. 12 o., 13 beide, 30, 45 o., 54 beide, 55 beide, 65 o. r.), Juniors Bildarchiv (1; S. 8) und Andrea Probst (4; S. 20, 21, 22 beide).

Impressum

Umschlaggestaltung von GRAMISCI Editorialdesign unter Verwendung von einem Farbfoto von Oliver Giel (Umschlagvorderseite) und einem Farbfoto von Tierfotoarchiv-Drewka/Kosmos.

Mit 131 Farbfotos

> Alle Angaben in diesem Buch erfolgen nach bestem Wissen und Gewissen. Sorgfalt bei der Umsetzung ist indes dennoch geboten. Der Verlag und die Autorin übernehmen keinerlei Haftung für Personen-, Sach- oder Vermögensschäden, die aus der Anwendung der vorgestellten Materialien und Methoden entstehen könnten. Es wird empfohlen, für die Online-Zusatzangebote WLAN zu verwenden. Das mobile Surfen ohne WLAN kann dazu führen, dass zusätzliche Kosten für die Datennutzung bei Ihrem Mobilfunkanbieter entstehen.

Unser gesamtes lieferbares Programm und viele weitere Informationen zu unseren Büchern, Spielen, Experimentierkästen, DVDs, Autoren und Aktivitäten finden Sie unter **kosmos.de**

Gedruckt auf chlorfrei gebleichtem Papier

© 2013, Franckh-Kosmos Verlags-GmbH & Co. KG, Stuttgart
Alle Rechte vorbehalten
ISBN 978-3-440-13257-9
Redaktion: Alice Rieger
Gestaltungskonzept: GRAMISCI Editorialdesign, München
Gestaltung und Satz: Atelier Krohmer, Dettingen/Erms
Produktion: Eva Schmidt
Printed in Italy / Imprimé en Italie